Oktay Gül

IT-Unterstützung im Supply Chain Risikomanagement

Diplomica Verlag GmbH

**Gül, Oktay: IT-Unterstützung im Supply Chain Risikomanagement.
Hamburg, Diplomica Verlag GmbH 2013**

Buch-ISBN: 978-3-8428-6904-2
PDF-eBook-ISBN: 978-3-8428-1904-7
Druck/Herstellung: Diplomica® Verlag GmbH, Hamburg, 2013

Bibliografische Information der Deutschen Nationalbibliothek:
Die Deutsche Nationalbibliothek verzeichnet diese Publikation in der Deutschen
Nationalbibliografie; detaillierte bibliografische Daten sind im Internet über
http://dnb.d-nb.de abrufbar.

Das Werk einschließlich aller seiner Teile ist urheberrechtlich geschützt. Jede Verwertung außerhalb der Grenzen des Urheberrechtsgesetzes ist ohne Zustimmung des Verlages unzulässig und strafbar. Dies gilt insbesondere für Vervielfältigungen, Übersetzungen, Mikroverfilmungen und die Einspeicherung und Bearbeitung in elektronischen Systemen.

Die Wiedergabe von Gebrauchsnamen, Handelsnamen, Warenbezeichnungen usw. in diesem Werk berechtigt auch ohne besondere Kennzeichnung nicht zu der Annahme, dass solche Namen im Sinne der Warenzeichen- und Markenschutz-Gesetzgebung als frei zu betrachten wären und daher von jedermann benutzt werden dürften.

Die Informationen in diesem Werk wurden mit Sorgfalt erarbeitet. Dennoch können Fehler nicht vollständig ausgeschlossen werden und die Diplomica Verlag GmbH, die Autoren oder Übersetzer übernehmen keine juristische Verantwortung oder irgendeine Haftung für evtl. verbliebene fehlerhafte Angaben und deren Folgen.

Alle Rechte vorbehalten

© Diplomica Verlag GmbH
Hermannstal 119k, 22119 Hamburg
http://www.diplomica-verlag.de, Hamburg 2013
Printed in Germany

Inhaltsverzeichnis

Abbildungsverzeichnis V
Tabellenverzeichnis VI
1. Motivation 1
   1.1 Problemstellung und Zielsetzung 1
   1.2 Vorgehensweise zur strategischen Literaturanalyse 2
   1.3 Aufbau 3
2. Allgemeine begriffliche und konzeptionelle Grundlagen 4
   2.1 Supply Chain Management 4
   2.2 Risiko und Risikomanagement 6
      2.2.1 Allgemeines Risiko-Konzept 6
      2.2.2 Supply Chain Risiko 6
      2.2.3 Risikomanagement 9
   2.3 Supply Chain Risikomanagement 11
      2.3.1 Supply Chain Risikomanagement-Framework 11
      2.3.2 Informationssysteme im Supply Chain Risikomanagement 13
      2.3.3 Barrieren des Einsatzes von Supply Chain Risikomanagement 14
3. Supply Chain Risikomanagement in der Literatur 17
   3.1 Analytische Modelle und Graphentheorie 17
      3.1.1 Ein dynamisches Modell zur Kontrolle von Störereignissen 17
      3.1.2 Bayessche-Netze zur Erstellung von Lieferanten-Risikoprofilen 18
      3.1.3 Graphentheorie zur Einschätzung der Anfälligkeit der Supply Chain 19
   3.2 Frameworks und Modellierungstechniken 21
      3.2.1 Multikriterielle Bewertungs- und Kontrollmethode von Risiken 21
      3.2.2 Delivery Time at Risk - Ein Instrument zur Bestimmung des
            Einflusses von Supply Chain Risiken auf die Lieferzeit 23
      3.2.3 Ein Framework für eine robuste Supply Chain 25
   3.3 Entwicklung und State-of-the-Art der IT-Unterstützung im Supply Chain
      Risikomanagement 27
      3.3.1 PAMAS – Ein agentenbasiertes Supply Chain Event Management
            System 27
      3.3.2 FORWIN – Ein auf Web-Services basierendes SCEM-System 31
      3.3.3 CoS.MA – Ein Multiagentensystem für das mobile SCEM 37
      3.3.4 Multiagenten SCEM-System mit automatischer Korrekturfunktion 40

    3.3.5   Weitere Technologien 44

    3.3.6   Zusammenfassung der IT-Unterstützung im SCRM 46

4. Cloud Computing – Die Zukunft des SCRM? 49

  4.1 Das Konzept Cloud Computing 49

  4.2 Der Einsatz von Cloud Computing in der Supply Chain 50

  4.3 Der Beitrag von Cloud Computing für das Supply Chain Risikomanagement 53

5. Fazit und Ausblick 55

Literaturverzeichnis 57

Anhang 67

Abkürzungsverzeichnis

BBAP	Beanspruchungs-, Belastbarkeits- und Aufwandsportfolio
CoS.MA	Cooperative and Ubiquitous Supply-Network Monitoring Agents
EPC	Electronic Product Code
ERP	Enterprise Ressource Planning
EVA	Event Agent
FORWIN	Forschungsverbund Wirtschaftsinformatik
GIS	Geoinformationssystem
IAAS	Infrastructure as a Service
IOA	Inter Organizational Agent
KMU	Kleine und mittlere Unternehmen
KonTraG	Gesetz zur Kontrolle und Transparenz
KPI	Key Performance Indicator
NIST	National Institute of Standards and Technology
P2P	Peer-to-Peer
PAAS	Platform as a Service
PAGE	Planning Agent
PAMAS	Proaktives Auftragsüberwachungs-Multi-Agenten-System
PPS-System	Produktionsplanungs- und Steuerungssystem
RFID	Radio Frequency Identification

RKU	Resource Keeping Unit
SAAS	Software as a Service
SCEM	Supply Chain Event Management
SCM	Supply Chain Management
SCOR	Supply Chain Operations Reference-Modell
SCRM	Supply Chain Risk Management
SCVD	Supply Chain Vulnerability Driver
SCVI	Supply Chain Vulnerability Index
SOA	Serviceorientierte Architektur
SOAP	Simple Object Access Protocol
SP	Supply Process
UDDI	Universal Description, Discovery and Integration
W3C	World Wide Web Consortium
WSDL	Web Services Description Language

Abbildungsverzeichnis

Abb. 2-1:	Beispielhafte Supply Chain	5
Abb. 2-2:	Allgemeiner Risikomanagement-Prozess	10
Abb. 2-3:	Spezifischer Supply Chain Risikomanagement-Prozess	12
Abb. 2-4:	Echtzeit-Darstellung von Störereignissen in einem SCRM-System	13
Abb. 2-5:	Barrieren bei der Einführung von Supply Chain Risikomanagement	15
Abb. 3-1:	PAMAS-Architektur	28
Abb. 3-2:	Prozessablauf der PAMAS Architektur	29
Abb. 3-3:	Basis-Architektur des FORWIN-Prototyps	33
Abb. 3-4:	Beispielprozess Beschaffung	35
Abb. 3-5:	Rahmenarchitektur des SCEM-Systems	41
Abb. 3-6:	Die verschiedenen Agenten und deren Interaktion untereinander	42

Tabellenverzeichnis

Tab. 2-1: Risikoklassifikationen in der Literatur 8

Tab. 2-2: Reale Störereignisse und deren Folgen auf die Supply Chain 9

Tab. 3-1: Entwicklung von SCM-Anwendungen 47

1. Motivation

1.1 Problemstellung und Zielsetzung

In der heutigen von der Globalisierung geprägten Zeit bestehen Warenketten meistens aus einer Reihe von international miteinander agierenden und vernetzten Teilnehmern. Neben der zunehmenden internationalen Arbeitsteilung und die daraus resultierenden Kostenvorteile für die Unternehmen, gibt es jedoch einige Gefahren und Risiken die durchaus nicht zu unterschätzen sind und eine intensivere Betrachtung erfordern. Neben externen Ereignissen wie z.B. Terrorismus, organisierter Kriminalität, Seuchen und Naturkatastrophen, haben auch interne Störungen und Unfälle Auswirkungen auf das Zusammenspiel und die Geschäftstätigkeit von Unternehmen in einer Supply Chain.

In der jüngeren Vergangenheit können als externe Ereignisse, die Auswirkungen auf die Warenkette von Unternehmen hatten, beispielhaft der Ausbruch von E. Coli Bakterien im Spinat im Jahre 2006 in Nordamerika oder SARS im Jahre 2003 in Asien genannt werden. Diese beiden Ereignisse hatten enorme Behinderungen in Lebensmittel-Warenketten zur Folge. Dabei bestehen auch Interdependenzen zwischen verschiedenen Branchen, so führte die Maul- und Klauenseuche 2001 in Großbritannien zu Engpässen bei der Produktion von Luxus-Wagen, da die Lieferung von Leder beeinträchtigt war. Aber auch Naturkatastrophen, wie zum Beispiel Hurrikan Katrina im Jahre 2005, können erhebliche Auswirkungen auf die Supply Chain von Unternehmen haben und diese im wirtschaftlichen Handeln negativ beeinflussen. Auch interne Ereignisse wie z.B. im Jahr 2000 ein Feuer in einer Fabrik eines großen schwedischen Technologieunternehmens führte zu enormen Produktionsschwierigkeiten innerhalb des Unternehmens. Aber auch aufgrund intensiver Zusammenarbeit mit vorgelagerten Unternehmen in der Lieferkette waren diese ebenfalls betroffen (Domino-Effekt), was zu Schließungen von ganzen Werken führte. Aus diesem Grund ist es für ein erfolgreiches Wirtschaften wichtig, dass interorganisational agierende Unternehmen, ein auf die gegenseitigen Organisationen abgestimmtes Supply Chain Risikomanagement einführen.

Auch wenn viele Gefahren, wie zum Beispiel Naturkatastrophen, schwer vorhersehbar und nicht vermeidbar sind, so gibt es in der Forschung eine Reihe von Frameworks und Best-Practices, deren Einsatz, von der Identifizierung von Gefahren, über die Minderung der Folgen beim Eintritt, bis hin zu den Rückschlüssen aus der Gefahr, hilfreich sind. Dieses Risikomanagement entlang der Lieferkette wird ferner von verschiedenen Techniken, Methoden und IT-Systemen unterstützt, die sich immer weiterentwickeln und immer neuere Innovationen aus der Informationstechnologie adaptieren.

Das Hauptziel dieser Studie ist es aus diesem Grund, auf Basis einer Literaturanalyse, eine Übersicht über die zeitliche Entwicklung und den Einsatz der in Supply Chain Risikomanagement eingesetzten Technologien und IT-Systeme zu erstellen. Ferner wird analysiert, ob sich neuere Trends in der IT auch für den Einsatz in dieser Supply Chain Management Disziplin als nützlich erweisen können.

1.2 Vorgehensweise zur strategischen Literaturanalyse

Die Studie bedient sich zur Darstellung des Status-Quo der IT-Unterstützung von Supply Chain Risikomanagement einer strategischen Literaturanalyse als Methode. Da sich diese Studie interdisziplinär sowohl im Forschungsgebiet des Supply Chain Managements und im Bereich der Wirtschaftsinformatik ansiedelt, sollten nur Journale in Betracht gezogen werden, die eine dieser Bereiche abdecken. Um diesem gerecht zu werden, wurden die drei Teilrankings „Operation Research", „Logistik" und „Wirtschaftsinformatik und Information Management" des Rankings VHB-JOURQUAL2 des Verbandes der Hochschullehrer für Betriebswirtschaft e.V. (Verband der Hochschullehrer für Betriebswirtschaft e.V., 2009) als Quelle benutzt. Bei den Journalen in diesen Rankings wurde eine Mindestbewertung von B vorausgesetzt, wobei die Bewertung von A bis E erfolgt und A die beste Bewertung darstellt. Bei der Suche nach Artikeln wurden folgende Datenbanken zur Hilfe genommen: AIS Electronic Library, EBSCOhost, INFORMS, Proquest, ScienceDirect, SpringerLink, Wiley InterScience und ACM Digital Library. Es wurden lediglich die Veröffentlichungen der vergangenen 10 Jahre (2002 - 2012) analysiert, um eine hohe Aktualität der Artikel zu gewährleisten. Die verwendeten Suchfelder waren der ganze Text und die verwendeten Schlüsselwörter waren:

- Supply Chain Risk Management
- Supply Chain Risikomanagement
- SCRM
- Supply Chain Event Management
- SCEM
- Disaster Management
- Disruption Management.

Die Literaturanalyse wurde zunächst mit den ersten drei Schlüsselwörtern durchgeführt und im Laufe der Durchsicht und Auseinandersetzung mit der Literatur wurden irrelevante und doppelte Beiträge ausgeschlossen, aber auch neue Schlüsselwörter, die anderen vier aus der Liste, entdeckt, anhand deren die Suche in den Datenbanken wiederholt wurde. Dieses Vorgehen stellt einen iterativen Prozess dar, welcher nach dem Fund von insgesamt 52 Artikeln ein Ende fand. Eine Übersicht der gefundenen Artikel ist in den Tabellen Anh. 1-1 bis 1-4, sortiert nach der Art des Artikels, im Anhang zu finden.

1.3 Aufbau

Die vorliegende Studie ist wie folgt aufgebaut:

Zunächst werden im zweiten Kapitel verschiedene Konzepte, auf die sich die Studie stützt, und die zum Verständnis der Thematik eine wichtige Rolle spielen, erläutert.

Das dritte Kapitel beschäftigt sich zunächst mit den in der Literaturanalyse gefundenen analytischen Modellen, Graphentheorien und Methoden und Frameworks im Zusammenhang mit Supply Chain Risikomanagement bevor auf die Hauptfrage dieser Studie, der Übersicht der verwendeten IT-Systeme im Supply Chain Risikomanagement, eingegangen wird.

Im vierten Kapitel wird eine Aussicht auf den Einsatz von neuen Innovationen im Rahmen von Supply Chain Management getätigt.

Das letzte Kapitel fasst die Ergebnisse noch einmal zusammen und bietet ein Ausblick auf weitere Fragestellungen zu dieser Thematik.

2. Allgemeine begriffliche und konzeptionelle Grundlagen

Dieses Kapitel dient der allgemeinen Erläuterung von Begriffen und Konzepten im Rahmen dieser Studie. Zu Beginn wird auf das Konzept des Supply Chain Managements eingegangen und diesem anschließend der Begriff des Risikos und des Risikomanagements erläutert. Am Ende dieses Grundlagenteils wird das in den vorherigen Unterkapiteln dargestellte Basiswissen zusammengeführt und ein spezifisches Aufgabengebiet, das Supply Chain Risikomanagement, beschrieben.

2.1 Supply Chain Management

Dieses Kapitel beschäftigt sich mit dem grundlegenden Konzept des Supply Chains und seines Managements. Supply Chains werden aufgrund der meist netzwerkartigen Struktur auch Supply Networks genannt. In dieser Studie werden beide Begrifflichkeiten synonym benutzt.

Zeitlich lässt sich das Aufkommen des Konzeptes des Supply Chain Managements (SCM) in die Anfänge der 80er Jahre in den USA mit den Anfängen der Globalisierung einordnen. In Deutschland wurde das Konzept Anfang der 90er Jahre aufgegriffen und in einer Fülle von wissenschaftlichen Werken behandelt (Werner, 2008). Es entstand eine Reihe von konzeptionellen Definitionen des Begriffs des SCM, auf welches im Folgenden kurz eingegangen wird.

Der Begriff Supply Chain, im Deutschen auch Lieferkette genannt, bezeichnet eine Versorgungskette in der die Zusammenarbeit von verschiedenen Unternehmen an der Produktion eines Produktes bis hin zum Endverbraucher im Mittelpunkt steht (Corsten & Gössinger, 2001). In einiger Literatur wird auch die Entsorgung und das Recyceln des Endproduktes, siehe Werner (2008), oder der Handel anstatt der Endkunde als letztes Glied der Kette dargestellt (Hertel, Schramm-Klein & Zentes, 2011). Corsten und Gössinger (2001) unterstreichen in ihrer Arbeit den unternehmensübergreifenden Charakter einer Supply Chain, der im Vergleich zu einer unternehmensbezogenen Logistikkette, sich nicht isoliert auf das eigene Unternehmen bezieht, sondern auf eine Abstimmung der Güter-, Finanz- und Informationsflüsse aller in der Supply Chain befindlichen Teilnehmer abzielt. Obwohl bei einer Supply Chain von einer Lieferkette gesprochen wird, handelt es sich in den meisten Fällen nicht zwangsläufig um eine kettenartige lineare Beziehung der Teilnehmer, sondern vielmehr um ein Netzwerk von verschiedenen Unternehmen, die gemeinsam partnerschaftlich zusammenarbeiten (Kajüter, 2007).

In diesem Zusammenhang versteht sich das Supply Chain Management als „[...] die integrierte prozessorientierte Planung und Steuerung der Waren-, Informations- und Geldflüsse entlang der gesamten Wertschöpfungskette vom Kunden bis zum Rohstofflieferanten [...]" (Kuhn und Hellingrath, 2002). Eine beispielhafte Darstellung einer Supply Chain mit den unterschiedlichen Waren-, Informations- und Geldflüssen ist in der Abbildung 2-1 dargestellt:

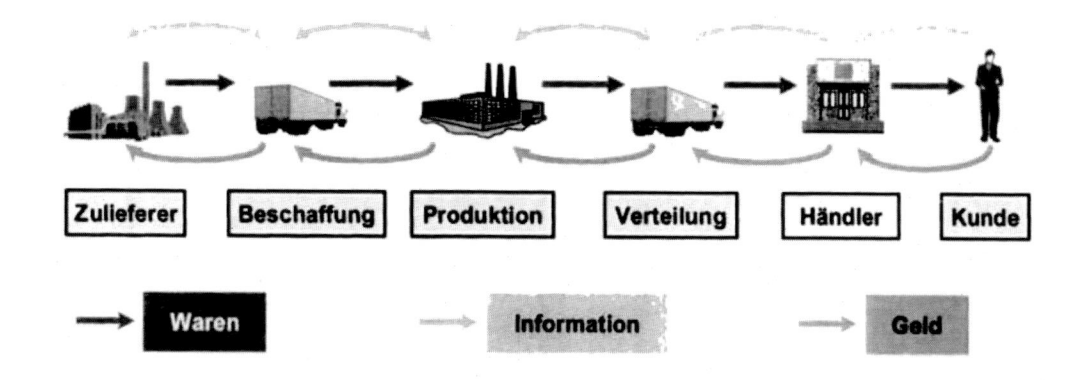

Quelle: Kuhn & Hellingrath (2002), S. 10.

Abb. 2-1: **Beispielhafte Supply Chain**

Die Ziele des SCM werden wie folgt aufgeführt (Kuhn und Hellingrath, 2002):

- Verbesserung der Kundenorientierung
- Synchronisation der Versorgung mit dem Bedarf
- Flexibilisierung und bedarfsgerechte Produktion
- Abbau der Bestände entlang der Wertschöpfungskette

Weitere wichtige Aspekte, die für die Einführung eines SCM sprechen, sind vor allem die Kosteneinsparungen durch die enge Zusammenarbeit mit den im Lieferkettennetzwerk befindlichen Teilnehmern und die zusätzlich dadurch entstehenden verkürzten Durchlauf- und Lieferzeiten (Heidtmann, 2008).

2.2 Risiko und Risikomanagement

2.2.1 Allgemeines Risiko-Konzept

Bei der Definition des allgemeinen Risikobegriffs gibt es keine Standarddefinition, die sich in der Literatur bewährt hat. Es wird vielmehr je nach Forschungsgebiet unterschiedlich aufgefasst (Kajüter, 2007).

Die am häufigsten aufzufindende Definition des allgemeinen Risikos ist die aus dem mathematisch-statistischem Bereich und beschreibt das Risiko als das Produkt aus der Eintrittswahrscheinlichkeit eines Ereignisses P und seinem Ausmaß I (Manuj & Mentzer, 2008).

$$Risiko_n = P(Ereignis_n) * I(Ereignis_n)$$

Wird diese Definition auf das unternehmerische Handeln übertragen, so lässt sich das Risiko als die mögliche Abweichung von a-priori getätigten Planungen eines Unternehmens definieren, welche durch den Eintritt bestimmter Ereignisse und deren Auswirkung auf die Geschäftstätigkeit gekennzeichnet sind (Pfohl, 2008).

Der Risikobegriff kann im weiteren Sinne neben einer meist negativen Planverfehlung auch eine positive Ausprägung haben (Kajüter, 2007). Hierzu lässt sich auch der im Oktober 2009 erschienene Risikomanagement-Standard ISO 31000 zitieren, der das Risiko als „*Effekt der Unsicherheit auf die Ziele*" beschreibt (Yüzgülec, Hellingrath, Wagenitz & Klingebiel, 2011). Mit Effekt wird in diesem Zusammenhang eine negative aber auch positive Abweichung vom erwarteten Ziel verstanden. Positive Risiken lassen sich auch als Chancen bezeichnen und als positive Abweichung vom erwarteten Wert definieren. Dies ist insbesondere im Finanz- und Investitionsbereich von Bedeutung, da hier neben einem Verlust des eingesetzten Kapitals, die Chance besteht, eine positive Zielverfehlung zu erreichen, also am Ende besser „dazustehen" als im Vornhinein erwartet. Dieses Risiko wird auch als spekulatives Risiko bezeichnet, wobei jedoch das Risiko im engeren Sinne, ausschließlich mit einer Verlustgefahr in Verbindung gebracht wird (Pfohl, 2008).

2.2.2 Supply Chain Risiko

Da positive Risiken im Zusammenhang mit Lieferketten weitestgehend auszuschließen sind, lässt sich das Supply Chain Risiko als der mit seiner Eintrittswahrscheinlichkeit bewertete Schaden von zukünftigen Entwicklungen oder Ereignissen definieren (Kersten, Hohrath &

Winter, 2008). Im Zusammenhang mit Supply Chain wird insbesondere betont, dass ein Ereignis mit negativen Folgen nicht nur ein Unternehmen selber, sondern alle Partner entlang der Lieferkette betreffen kann (Diabat, Govindan & Panicker, 2012).

Fälschlicherweise werden die eintretenden Ereignisse in der Literatur auch als Risiko bezeichnet, diese sind jedoch in dieser Arbeit vom Risikobegriff zu differenzieren und werden im Folgenden als Störung, Störereignis oder Ausfall benannt (Jansson & Norman, 2004; Huang, Chou & Chang, 2009).

Diese Störereignisse oder Ausfälle können in verschiedenen Bereichen im Unternehmen auftreten und dadurch unterschiedlich klassifiziert werden. Die Klassifizierung erfolgt dann meist durch ein Kriterium, wie zum Beispiel nach dem Entstehungsort der Störung, nach dem betroffenen Funktionsbereich oder nach der Schwere der Folgen des Ereignisses. Einige Autoren gliedern diese Bereiche sehr grob und andere wiederum sehr detailliert, wie in folgender Tabelle 2-1 der Risiko-Klassifikationen zu sehen ist:

Autoren	Klassifizierung
Svensson (2000)	Quantitative & Qualitative
Jüttner (2005)	Supply, Demand & Environmental
Chopra & Sodhi (2004)	Disruptions, Delays, Systems, Forecast, Intellectual Property, Procurement, Receivables, Inventory & Capacity
Bode & Wagner (2008)	Demand side, Supply side, Regulatory, Legal & Bureaucratic, Infrastructure & Catastrophic
Manuj & Mentzer (2008)	Supply, Operational, Demand, Security, Macro, Policy, Competitive & Resource
Tang (2006)	Operational Risk & Disruption Risk
Blackhurst, Scheibe & Johnson (2008)	Disruptions/Disasters, Logistics, Supplier dependence, Quality, Information systems, Forecast, Legal, Intellectual property, Procurement, Receivables, Inventory, Capacity, Management & Security
Yüzgülec, Hellingrath, Wagenitz & Klingebiel (2011)	Betriebsrisiko, Beschaffungsrisiko & Absatzrisiko
Goh, Lim & Meng (2007)	Risks within the Supply Chain & Risks external to the Supply Chain
Oke & Gopalakrishnan (2009)	Supply related risks, Demand related risks & Miscellaneous

Diabat, Govindan & Panicker (2012)	Macro level risks, Demand management risks, Supply management risks, Product/service management risks & Information Management risks
Sodhi & Lee (2007)	Supply-related risks & Demand-related risks

Tab. 2-1: Risikoklassifikationen in der Literatur

Wie bereits erwähnt, verdeutlicht die Tabelle, dass keine einheitliche Klassifikation von Ereignissen, die negative Auswirkungen auf den Betriebsablauf von Unternehmen haben können, in der Literatur vorherrscht. Daher wird eine sehr allgemein gehaltene Definition von Bode und Wagner (2008) zu diesen Ereignissen hervorgehoben. Diese zwei Autoren definieren Störungen bzw. Ausfälle als ungewollte und von der Regel abweichende Ereignisse an einer beliebigen Stelle in der Supply Chain oder in ihrer unmittelbaren Umgebung, welche den normalen Betriebsablauf negativ beeinflussen.

Die folgende Tabelle 2-2 fasst einige größere Störereignisse der vergangenen Jahre zusammen und verdeutlicht das Ausmaß dieser auf das betriebswirtschaftliche Handeln von Firmen in Supply Chains.

Art	Beispiel
Naturkatastrophen	Ein Erdbeben in Taiwan zerstörte im Jahre 1999 Fabriken mehrerer Halbleiter-Hersteller und unterbrach die Lieferung dieser an PC- und Laptop-Hersteller (Masih-Tehrani, Xu, Kumara & Li, 2011).
	Der Hurrikan Floyd führte 1999 zu mehrtägigen Produktionsausfällen in einigen Fabriken von Daimler-Chrysler in den USA (Norrman & Jansson, 2004).
	Die Flut im Jahre 2002 in Dresden führte unter anderem dazu, dass Volkswagen die Produktion in der Produktionsstätte in Dresden wegen Lieferschwierigkeiten seiner Zulieferer runterfahren musste. (Speyerer & Zeller, 2003)
Seuchen	Die Maul- und Klauenseuche hatte im Jahre 2001 erhebliche wirtschaftliche Auswirkungen nur nicht auf die Lebensmittel-Industrie, sondern auch auf die Automobil-Industrie wegen fehlendem Leder für den Innenraum (Norrman & Jansson, 2004).

	E. Coli im Spinat, führte in Nordamerika 2006 zu wirtschaftlichen Schäden in US-Nahrungsmittel-Lieferketten (Masih-Tehrani, Xu, Kumara & Li, 2011).
Sportereignisse	Die Olympiade 2008 in Peking führte zu Lieferstörungen von einer Reihe in China hergestellter Produkte (Schmitt, 2011).
Unfälle	18 Fabriken von Toyota mussten 1997 wegen eines Feuers schließen. Der wirtschaftliche Schaden belief sich insgesamt auf 195 Mio. $ und der Umsatz-Ausfall auf 325 Mio. $ (Norrman & Jansson, 2004).
Terrorismus	Aufgrund des Angriffs vom 11.9.2011 auf das World Trade Center in New York und die daraus resultierende kurzfristige Schließung der Grenze zu Kanada, führte zur Schließung von fünf Ford-Werken in den USA aufgrund von Materialmangel von in Kanada hergestellten Ersatzteilen (Wu, Dong, Fan & Liu 2012).

Tab. 2-2: Reale Störereignisse und deren Folgen auf die Supply Chain

Wie die im Jahre 2002 ausgebrochene Flut in Dresden zeigt, wird auch Deutschland, von den Gefahren die von Naturkatastrophen ausgehen, nicht verschont und der Einsatz von Risikomanagement wird auch hier als von Vorteil angesehen. Im nächsten Abschnitt wird auf das allgemeine Risikomanagement-Konzept eingegangen und dieses beschrieben.

2.2.3 Risikomanagement

Risikomanagement im Allgemeinen kann als ein Führungsprozess verstanden werden, in der die negativen Auswirkungen von Störereignissen auf die unternehmerischen Tätigkeiten gering gehalten oder wenn möglich, ihr Eintritt verhindert werden soll (Pfohl, 2008). Mit diesem Managementkonzept, wird somit die „[...] Erhöhung der Wahrscheinlichkeit der Zielerreichung [...]" verfolgt (Yüzgülec, Hellingrath, Wagenitz & Klingebiel, 2011). Neben diesen Zielen gibt es jedoch auch gesetzliche Vorschriften zur Einführung von Risikomanagement, wie z.B. das Gesetz zur Kontrolle und Transparenz im Unternehmensbereich (KonTraG). Diese stehen in dieser Arbeit jedoch nicht im Mittelpunkt und werden aus diesem Grund nicht weiter ausgeführt.

Das im Allgemeinen vorzufindende Framework des Risikomanagements besteht aus den Phasen der Risikoidentifikation, der Risikoanalyse und –bewertung, der Risikosteuerung und der Risikokontrolle (Pfohl, 2008; Wolke, 2008). Obwohl andere Autoren die Bestandteile eines Risikomanagement-Frameworks unterschiedlich auffassen, wie zum Beispiel Thun und Hoenig (2011), die nur drei Bestandteile (Risikoidentifikation, Risikoanalyse und Risikokontrolle) erkennen, wird in dieser Studie auf die Aufteilung des Risikomanagement-Konzeptes in die vier disjunkten Bestandteile von Pfohl (2008) und Wolke (2008) verwiesen.

Der Prozess des Risikomanagements ist zugleich ein iterativer Prozess, in der die einzelnen Phasen wiederholt ausgeführt werden, siehe Abbildung 2-2.

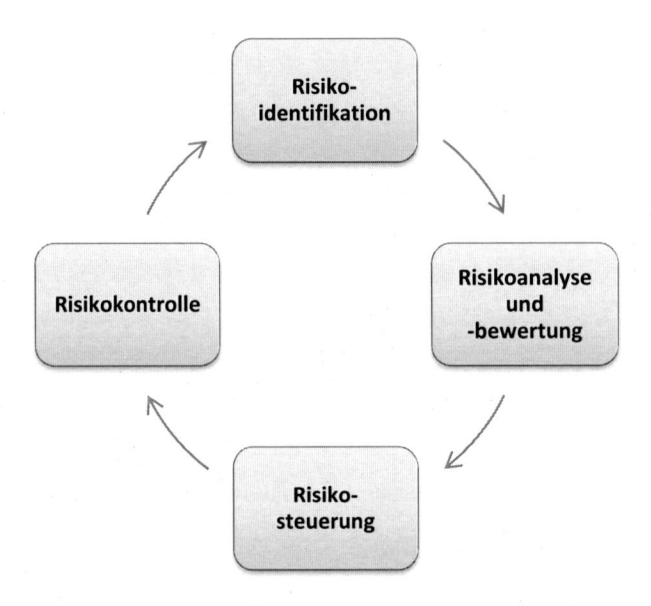

Quelle: Angelehnt an Pfohl (2008), S. 14.

Abb. 2-2: **Allgemeiner Risikomanagement-Prozess**

Die Risikoidentifikation verfolgt das Ziel einer strukturierten und möglichst vollständigen Erfassung aller möglichen Risiken und ihren Auslösern. Diese Phase des Risikomanagements ist der wichtigste der vier Phasen, da sich alle nachfolgenden auf Basis der identifizierten und erfassten Risiken orientieren (Pfohl, 2008).

Die auf die Identifikation folgende Analyse und Bewertung der Risiken hat das Ziel, die identifizierten Risiken einer Analyse zu unterziehen und diese nach einem festgelegten Bewertungsschema zu bewerten. Ziel dieser Phase ist die Festlegung, ob ein Handlungsbedarf bezüglich der identifizierten Risiken besteht und wenn ja, wie diese auszusehen hat (Wolke 2008; Pfohl, 2008). In dieser Phase sollten die Störereignisse vor allem nach ihrer Eintrittswahrscheinlichkeit und dem negativem Ausmaß des Eintritts bewertet werden.

Der Analyse und der Bewertung folgt die Steuerung der identifizierten und bewerteten Störungen. In dieser Phase wird entschieden, durch welche Maßnahmen das Risiko entweder vollständig zu beseitigen oder wenigstens so abzumindern sind, dass es für das Unternehmen ein ertragbares Maß darstellt (Pfohl, 2008). Einige dieser Maßnahmen sind die Folgenden (Diabat, Govindan & Panicker, 2012):

- Prävention oder Reduzierung
- Versuch der Kontrolle des Ausmaßes beim Eintritt
- Transfer des Risikos auf andere
- Diversifizierung des Risikos
- Risikoausgleich (Risk-pooling)

Die letzte Phase, die Risikokontrolle, dient vor allem der Überwachung und der Bewertung der für die Risiken eingeleiteten Maßnahmen, mit dem Ziel, die gewählten Maßnahmen gegebenenfalls anpassen zu können, da sich die Risikosituationen verändern können. Ein weiterer wichtiger Faktor ist hierbei auch die Dokumentation und Kommunikation der eingeleiteten Maßnahmen (Pfohl, 2008).

2.3 Supply Chain Risikomanagement

Die in den vorherigen Kapiteln vorgestellten Grundlagen werden nun zu der Definition des Supply Chain Risikomanagement-Konzeptes zusammengeführt. Supply Chain Risiko Management (SCRM) stellt einen Teilbereich des SCM dar und versteht sich als ein Managementkonzept, welches Strategien, Maßnahmen, Prozesse und Informationstechnologien zur Identifikation und das Management von Risiken anhand einer koordinierten Vorgehensweise und unternehmensübergreifend zwischen allen Supply Chain Partnern umfasst (Kersten, Böger, Hohrath & Singer, 2009; Jüttner, 2005).

2.3.1 Supply Chain Risikomanagement-Framework

Das von Pfohl (2008) und Wolke (2008) vorgestellte Framework des Risikomanagements wird auf die SCRM mit allen vier Phasen übertragen und stimmt mit den Funktionen des allgemeinen Frameworks bis auf eine zusätzliche Spezifizierung überein. Der allgemeine Prozess wird zusätzlich durch einen Zyklus, der beim Auftreten von Ereignissen durchgegangen wird, ergänzt (siehe Abbildung 2-3).

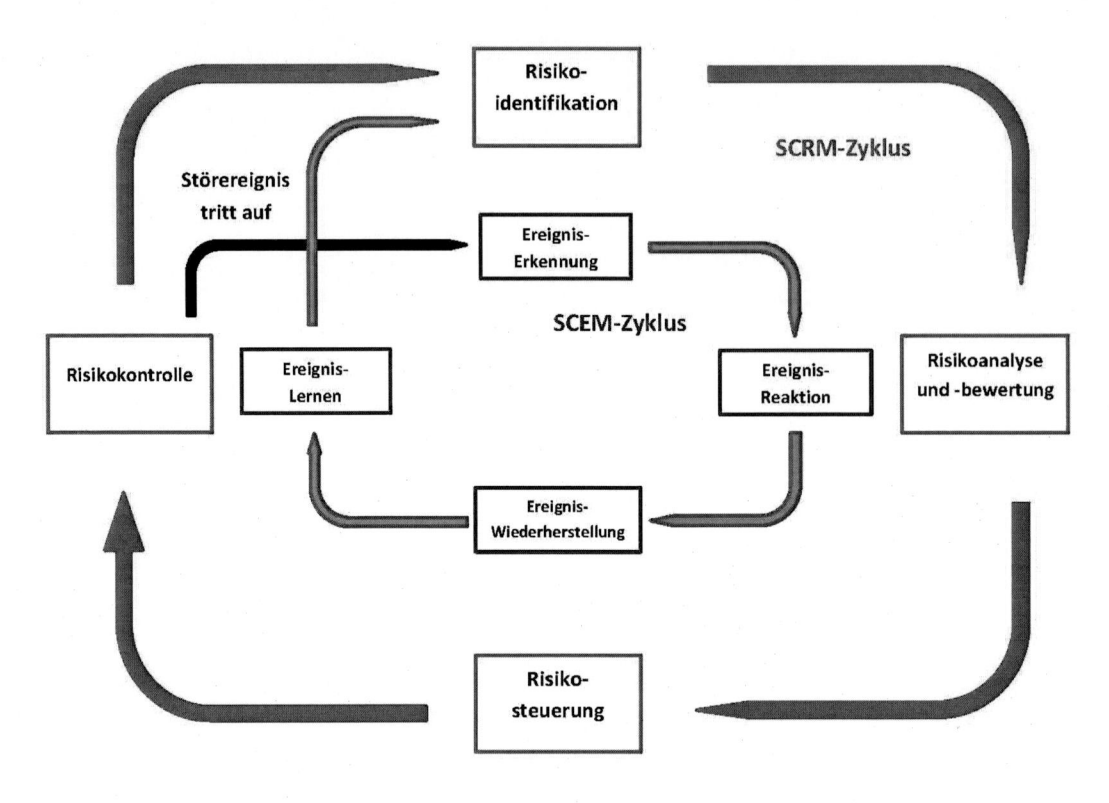

Quelle: Angelehnt an Behdani, Adhitya, Lukszo & Srinivasan (2012), S.13.

Abb. 2-3: Spezifischer Supply Chain Risikomanagement-Prozess

Obwohl viele Autoren keine detaillierte Einteilung des Risikomanagement-Frameworks tätigen und sich mit den Phasen des allgemeinen Risikomanagement-Prozesses zufrieden geben, wird in dieser Arbeit eine detaillierte Betrachtung vorgenommen und ein Zyklus, der beim Auftritt von Ereignissen durchlaufen wird, miteinbezogen. Diese Phase wird in der Literatur auch als Supply Chain Event Management (SCEM) (Bayrak Meydanoglu, 2009) oder aber auch Disruption Management (Behdani, Adhitya, Lukszo & Srinivasan, 2012) bezeichnet, auf die als nächstes eingegangen werden soll.

SCEM ist ein Konzept zur Überwachung, Erfassung und Bewertung von Ereignissen und Abweichungen, die von den Plan-Prozessen und diesen Prozessen zugeordneten Objekten abweichen. Im Mittelpunkt stehen die Überwachung der Prozesse und Objekte, die schnelle Benachrichtigung der Unternehmen in der Supply Chain bei Eintritt von Störereignissen und die evtl. Einleitung von Maßnahmen zur Minderung dieser (Teuteberg, 2005).

Der SCEM-Zyklus wird wie folgt durchgelaufen: Beim Eintritt eines Ereignisses wird in der ersten Phase des spezifizierten Zyklus der Ort des Ereignisses in der Supply Chain, seine Eigenschaften und die erwarteten Schäden, die vorher in den Phasen Risikoidentifikation und

Risikoanalyse und –bewertung identifiziert wurden, beschrieben. Als nächstes folgt die Reaktion auf die Störung. Hierbei werden auf die in der Phase Risikosteuerung definierten Aktionen zurückgegriffen. In der nächsten Phase wird versucht, die Abläufe die vor dem Ereignis gegeben waren, wiederherzustellen und den normalen Betriebsablauf in der Supply Chain zu gewährleisten. Diese spezifizierte Phase schließt mit einer Lernphase, in der aus dem Ereignis sinnvolle Schlüsse für zukünftige Ereignisse gezogen werden, ab (Behdani, Adhitya, Lukszo & Srinivasan, 2012).

2.3.2 Informationssysteme im Supply Chain Risikomanagement

Die im Supply Chain Risikomanagement eingesetzten IT-Systeme sind in zwei verschiedene Gruppen einzuteilen. Auf der einen Seite gibt es die SCRM-Systeme, die sich mit dem Management von Risiken mit hohem Schadenspotential aber niedrigeren Wahrscheinlichkeiten beschäftigen, wie z.B. Naturkatastrophen, politische Unruhen oder wirtschaftlichen Problemen. Diese Systeme haben einen größeren Fokus auf die Supply Chain und im Mittelpunkt der Betrachtung steht vor allem die geographische Lage der Unternehmen. Da der Eintritt der Ereignisse, wie z.B. eines Erdbebens, meistens nicht vorhersagbar ist, haben diese Systeme ihren Fokus auf der Alarmierung der in der Supply Chain beteiligten Unternehmen. Eine beispielhafte Darstellung eines Alarmsystems ist in Abbildung Abb. 2-4 dargestellt.

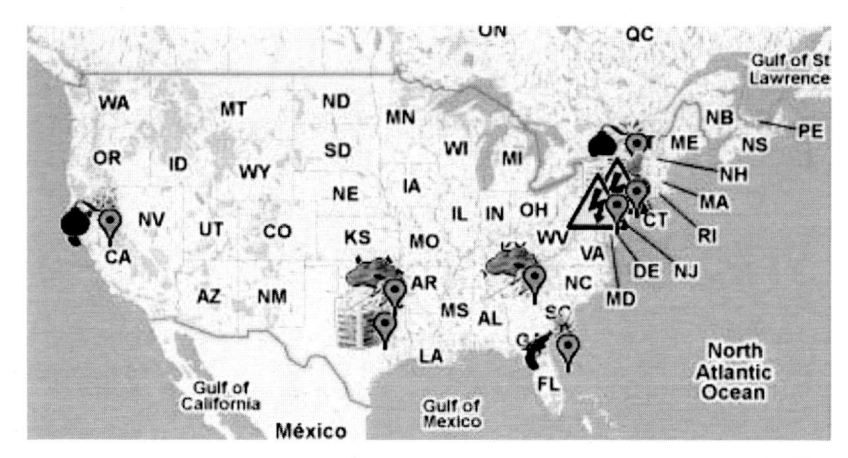

Quelle: Sheffi, Vakil & Griffin (2012), S.9.

Abb. 2-4: **Echtzeit-Darstellung von Störereignissen in einem SCRM-System**

Die Aufgaben des Systems sind es, den Grad der Auswirkung der Gefahr auf andere Unternehmen darzustellen und diese gegebenenfalls zu alarmieren (Sheffi, Vakil & Griffin, 2012).

Die zweite Gruppe der IT-Systeme behandelt vor allem kleinere Ereignisse die hauptsächlich in der Material- und Produktbewegung entstehen. Diese sind gekennzeichnet durch hohe Eintrittswahrscheinlichkeiten, jedoch niedrigem Schaden beim Eintritt. Obwohl das einzelne Ereignis keinen großen Einfluss auf die Geschäftätigkeit haben muss, stellt es im Zusammenhang mit weiteren Ereignissen ein Risiko auf die Supply Chain dar. Diese Systeme werden auch als SCEM-Systeme bezeichnet und finden, wie der Name schon sagt, in dem spezifischeren Zyklus Verwendung. Die SCEM-Systeme lassen sich nach dem Grad der Funktionalität in die folgenden System-Gruppen einteilen (Bearzotti, Salomone & Chiotti, 2012):

- Monitoring-Systeme: Erweiterung von klassischen *Tracking & Tracing* Systemen
- Alarm-Systeme: Störereignisse können erkannt und ein im System hinterlegter Kontakt benachrichtigt werden
- Decision Support-Systeme: Störereignisse können erkannt und dem Nutzer Vorschläge zur Minderung des Schadens empfohlen werden
- Automatisierte Korrektur Systeme: Störereignisse können erkannt, Lösungen entworfen und automatisch ausgeführt werden

Die Autoren Sheffi, Vakil und Griffin (2012) heben hervor, dass SCEM-Systeme die SCRM-Systeme durch die bereitgestellten Funktionalitäten ergänzen und somit neben einem Fokus auf externe Ereignisse, auch interne Ereignisse behandelt werden können. Die Autorin Bayram Meydanoglu (2009) hebt ebenfalls die Wichtigkeit von SCEM-Systemen im operativen SCRM hervor. Sie erläutert, dass anhand von SCEM-Systemen die Sichtbarkeit von Problemen in den Supply Chains erhöht wird, eine schnelle Reaktion auf unvorhergesehen Ereignisse erfolgen und im allgemeinen ein Beitrag zur robusten Lieferkette geleistet werden kann.

2.3.3 Barrieren des Einsatzes von Supply Chain Risikomanagement

Obwohl der Bedarf eines unternehmensübergreifenden Risikomanagements bedingt durch die Notwendigkeit der Zusammenarbeit mit anderen Unternehmen entlang der Lieferkette gestiegen ist, so stehen die Unternehmen auch unterschiedlichen Barrieren und Hindernissen beim Einsatz von Supply Chain Risikomanagement im eigenen Unternehmen gegenüber, die zunächst überwunden werden müssen (Kersten, Böger, Hohrath & Späth, 2006).

Eine Übersicht über die verschiedenen Barrieren lassen sich der Abbildung 2-5 entnehmen:

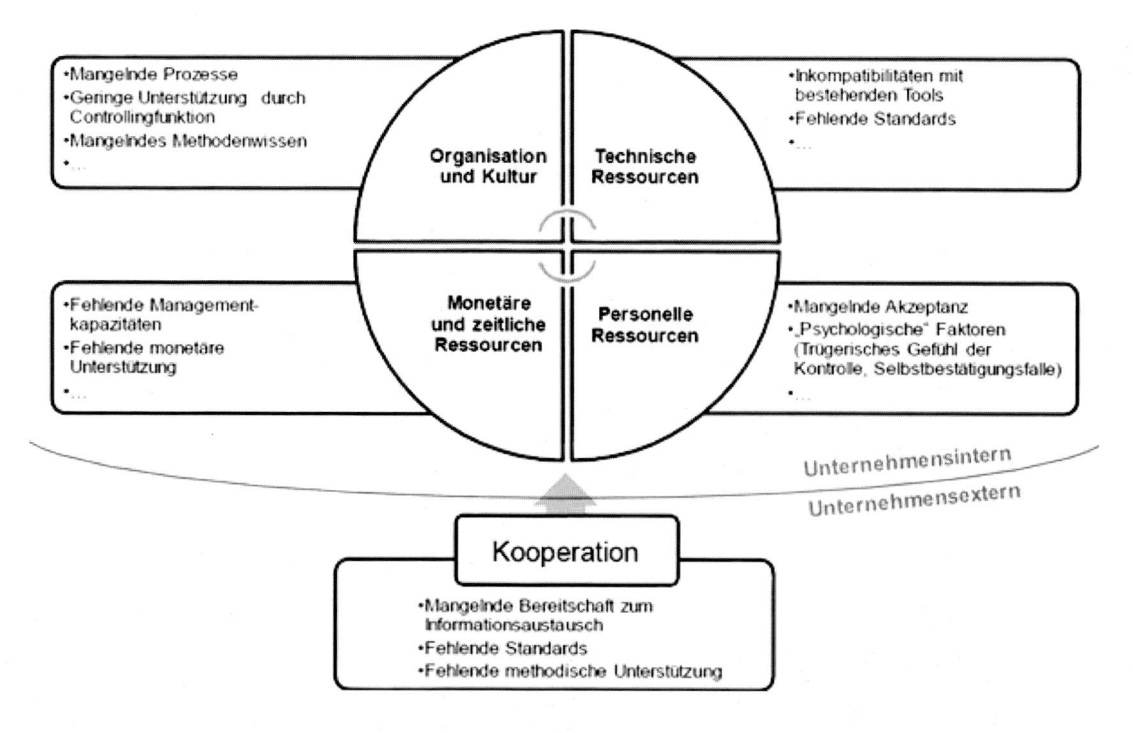

Organisation und Kultur
- Mangelnde Prozesse
- Geringe Unterstützung durch Controllingfunktion
- Mangelndes Methodenwissen
- ...

Technische Ressourcen
- Inkompatibilitäten mit bestehenden Tools
- Fehlende Standards
- ...

Monetäre und zeitliche Ressourcen
- Fehlende Managementkapazitäten
- Fehlende monetäre Unterstützung
- ...

Personelle Ressourcen
- Mangelnde Akzeptanz
- „Psychologische" Faktoren (Trügerisches Gefühl der Kontrolle, Selbstbestätigungsfalle)
- ...

Unternehmensintern / Unternehmensextern

Kooperation
- Mangelnde Bereitschaft zum Informationsaustausch
- Fehlende Standards
- Fehlende methodische Unterstützung

Quelle: Kersten, Böger, Hohrath & Singer (2009), S.15.

Abb. 2-5: **Barrieren bei der Einführung von Supply Chain Risikomanagement**

Die Barrieren und Schwierigkeiten lassen sich wie in der Abbildung erkennbar, in unternehmensintern und unternehmensextern klassifizieren.

Aus der internen Sichtweise gibt es eine zusätzliche Unterteilung in vier verschiedene Gesichtspunkte:

1. Organisation und Kultur
2. Technische Ressourcen
3. Personelle Ressourcen
4. Monetäre und zeitliche Ressourcen

Die in der Organisation und in der Kultur eines Unternehmens auftretenden Schwierigkeiten sind vor allem auf den Mangel an definierten Prozessen, Verantwortlichkeiten und Methodenwissen zurückzuführen (Kersten, Böger, Hohrath & Singer, 2009). Diesem Mangel sollte anhand einer strukturierten und systematisierten Methodik zur Einführung eines unternehmensübergreifenden Risikomanagements entgegengetreten werden, anhand derer, für alle Unternehmen in der Supply Chain geltenden Prozesse und Ziele festgelegt werden.

Barrieren hinsichtlich technischer Ressourcen zeichnen sich vor allem durch mangelnde IT-Infrastruktur und Informationssysteme in den verschiedenen Ebenen, wie z.B. Management- oder Sachbearbeiter-Ebene, ab. Aus diesem Grund sollten die notwendigen Informationssysteme zur Unterstützung von Risikomanagement vorhanden sein und auf die Kompatibilität untereinander geachtet werden, da ansonsten schnell Insellösungen entstehen, die zu einem erhöhten Pflegeaufwand und dadurch zu mangelnder Akzeptanz unter den Mitarbeitern führen können (Kersten, Böger, Hohrath & Singer, 2009).

Im personellen Bereich entstehen Barrieren insbesondere durch mangelnde Akzeptanz, die durch folgende Gründe bedingt sind:

1. Mehraufwand
2. Mangelnde Sensibilisierung für das Thema
3. Angst vor negativen Folgen wenn Risiken aufgedeckt werden

Die durch diese mangelnde Akzeptanz entstehende Abneigung gegenüber einem Risikomanagement-Einsatz wird zusätzlich durch ein nicht vorhandenes Methodenwissen verstärkt.

Der vierte Bereich in dem Barrieren und Hindernisse entstehen, sind finanzielle und zeitliche Gesichtspunkte. Da ein Risikomanagement insbesondere in Supply Chains weitere Ressourcen bindet und dadurch Kosten verursacht, sind vor allem bei kleinen und mittelgroßen Unternehmen Schwierigkeiten hinsichtlich der Finanzierung und Aufbringung von neuen Ressourcen zu finden (Kersten, Böger, Hohrath & Singer, 2009).

Unternehmensexterne Barrieren sind vor allem auf die mangelnde Inkompatibilität von Informationssystemen und Standards in den verschiedenen Unternehmen entlang der Supply Chain zurückzuführen, die zu Systeminkompatibilitäten und Dateninkonsistenzen führen können. Darüber hinaus fehlt oft die Bereitschaft von Unternehmen, unternehmensrelevante Informationen den Partnern bereitzustellen, was in Informationsasymmetrien und fehlender Transparenz mündet (Kersten, Böger, Hohrath & Singer, 2009).

3. Supply Chain Risikomanagement in der Literatur

In diesem Kapitel wird die anhand der strategischen Literaturanalyse herausgefilterte Literatur auf die Fragestellung *Wie sieht die technische Umsetzung von Supply Chain Risikomanagement aus?* hin, analysiert. Hierbei handelt es sich vordergründig um die zeitliche Entwicklung und den Einsatz der in SCRM eingesetzten IT-Systeme.

Übersichtshalber wurden die Artikel der Literaturanalyse, gruppiert nach ihrer Art, in den Anhängen 1-1 bis 1-4 zusammengefasst. In den ersten beiden Unterkapiteln dieses Hauptkapitels, wird zunächst auf die in der Literatur weitverbreiteten analytischen Modelle und Graphentheorien sowie Methoden und Frameworks eingegangen. Dies ist bewusst so gewählt, da sich während der Literaturanalyse eine sehr starke Konzentration der untersuchten Journale auf diese beiden Themengebiete herauskristallisiert hat. Es wird jedoch bewusst nur auf einige der recherchierten Artikel eingegangen, um den Rahmen dieser Studie nicht zu überreizen. Auf die in der Tabelle 1-4 zusammengefassten Artikel, die sich mit Fallstudien, empirischen Analysen und Literaturanalysen befassen, wird aus Platzgründen nicht weiter eingegangen, jedoch vollständigkeitshalber in der Tabelle aufgeführt.

3.1 Analytische Modelle und Graphentheorie

Die Darstellung der Artikel der analytischen Modelle und Graphentheorien erfolgt ohne auf die mathematischen Herleitungen und Formeln detaillierter einzugehen. Diese Vorgehensweise dient der Übersichtlichkeit und Fokussierung auf die Hauptthesen der vorliegenden Studie, da sich die Mathematik hinter diesen Konzepten in ihrer Komplexität nicht in einem kurzen Unterkapitel beschreiben lassen.

3.1.1 Ein dynamisches Modell zur Kontrolle von Störereignissen

Der Journal-Artikel *„A dynamic system model for proactive control of dynamic events in full-load states of manufacturing chains"* aus dem Jahre 2009 der Autoren Huang, Chou und Chang handelt von einem analytischen Supply Chain Modell, welches zum Zwecke des Managements von dynamischen Störereignissen, also Ereignissen die nicht vorhersehbar sind, in Fertigungsketten konzipiert wurde. Die Folgen von Ereignissen die während des Betriebes einer Supply Chain auftreten können, werden von den Autoren in drei, sich in der Schwere unterscheidende Klassen, eingeteilt: Abweichungen, Störungen und Katastrophen. Die zwei Kernfragen die in diesem Zusammenhang von den Autoren beantwortet werden, sind zum einen: *Wie lässt sich erkennen, ob die Folgen eines aufkommenden dynamischen Ereignisses Störungen anstatt Abweichungen sind?* Und zum anderen: *Inwiefern lassen sich die Folgen dieser Störungen mindern?*

Um die Problemstellung und die Herleitung des mathematischen Modells zu verdeutlichen, wird zunächst ein Beispiel-Szenario einer Fertigungskette bestehend aus zwei Fabriken zur Herstellung von Halbleiterchips verwendet. Im darauffolgenden Abschnitt wird das mathematische Modell durch die Eigenschaft der Vollauslastung dieser Fabriken, ausgelöst durch eine plötzlich eintretende starke Nachfrage, erweitert. Dies erfolgt durch die Autoren aus dem Grund, da das Ausmaß von Störungen bei Vollauslastung der Fabriken am gravierendsten sei. Um die Wirksamkeit ihres Modells zu unterstreichen, wird am Ende des Artikels, das Modell auf ein beispielhaftes Problem angewendet und die Ergebnisse präsentiert.

Das von den Autoren erarbeitete und hergeleitete analytische Modell, lässt sich dazu verwenden, pro-aktiv auf Ereignisse in der Supply Chain einzugehen und diese nach ihrer Schwere und ihren möglichen Folgen auf das betrachtete Unternehmen abzuschätzen und um gegebenenfalls Minderungspläne basierend auf diesen Abschätzungen einzuleiten. Des Weiteren stellen die Autoren heraus, dass dieses von ihnen entwickelte Modell dazu verwendet werden kann, auf Engpässe in der Produktion frühzeitig zu reagieren. Die Autoren stellen jedoch heraus, dass das von ihnen vorgestellte Modell nicht zur automatisierten Kontrolle der Supply Chains entwickelt wurde, sondern es die Management-Kenntnisse in der Einschätzung und Behandlung von aufkommenden Ereignissen verbessern und somit die Folgen dieser Ereignisse von Störungen auf Abweichungen mindern soll.

3.1.2 Bayessche-Netze zur Erstellung von Lieferanten-Risikoprofilen

In dem Artikel „*Analysing risks in supply networks to facilitate outsourcing decisions*", welches im International Journal of Production Research erschienen ist (Lockamy & McCormack, 2010), liegt der Fokus auf einer Methode zur Abschätzung von Risikoprofilen in Lieferantennetzwerken. Die Autoren sehen es als essentiell an, das Risiko-Profil von möglichen Lieferanten abzuschätzen, um die Vorzüge von Outsourcing-Entscheidungen (Profitabilität und Wirtschaftlichkeit, Reduzierung von Kapitalanlagen, Fokussierung auf das Kerngeschäft, Erhöhung der Flexibilität) und die hieraus entstehenden Wettbewerbsvorteile nutzen zu können.

Für die Entwicklung und Einschätzung der Risiko-Profile von Lieferanten wird von Bayesschen-Netzen Gebrauch gemacht. Diese Netze werden dazu verwendet, um externe, operative und Netzwerk-bezogene Risikowahrscheinlichkeiten von möglichen Ereignissen und die mit diesen im Zusammenhang stehenden Auswirkungen auf die Einnahmen der Organisation zu analysieren. Zu den potentiellen Ereignissen, die einen negativen Einfluss auf die Geschäftätigkeit von Lieferanten und somit auch auf die zu beliefernden Unternehmen haben können, zählen die Autoren neben Problemen in internen Prozessen und schlechten Unternehmensstrategien, auch Ereignisse wie z.B. Naturkatastrophen oder politische Unruhen im Umfeld des Lieferanten. So werden Lieferanten mit hoher Risikowahrscheinlichkeit einen höheren negativen Einfluss auf die Einnahmen der Organisation haben, als Lieferanten mit niedrigeren. Um die Risiken der einzelnen Lieferanten innerhalb des Netzwerkes zu identifizieren und abzuschätzen, wurde für diesen Zweck ein Bewertungsmodell entwickelt und letztendlich auf 15 Automobilzulieferer eines großen Automobilherstellers aus den USA empirisch angewendet. Anhand einer Sensitivitätsanalyse wurde basierend auf diesem Ergebnis beispielhaft herausgestellt, dass das zeitgleiche Auftreten von Netzwerk-bezogenen und externen Risiken bei einem Lieferanten, die Wahrscheinlichkeit von negativen Auswirkungen auf die Einnahmen der eigenen Organisation von 41% auf 83% erhöhen kann. Die Autoren stellen heraus, dass basierend auf diesem Ergebnis, pro-aktive Managementmaßnahmen, wie z.B. die Reduzierung des Value-at-Risk-Wertes des betroffenen Lieferanten, getroffen werden oder aber auch dem Lieferanten Hilfe bei der Minderung dieser Risiken angeboten werden können.

Am Ende des Artikels wird jedoch herausgestellt, dass diesem Modell einige Einschränkungen unterlegen sind. So ist es z.B. von großer Bedeutung, dass die Lieferanten dem eigenen Unternehmen die benötigten Informationen in regelmäßigen Abständen zur Verfügung stellen, was aus Betriebsgeheimnis-Gründen nicht immer möglich sein wird, so die Autoren.

3.1.3 Graphentheorie zur Einschätzung der Anfälligkeit der Supply Chain

Der von Wagner und Neshat (2010) verfasste Artikel, beschreibt einen quantitativen Ansatz, basierend auf dem Einsatz der Graphen-Theorie, zur Messung und der Einschätzung der Anfälligkeit von Supply Chains auf bestimmte Ereignisse. Anhand eines vierstufigen Algorithmus wird ein *Supply Chain Vulnerability Index* (SCVI) berechnet, der letztendlich dazu verwendet werden kann, die Effektivität von verschiedenen Maßnahmen zur Minderung der Folgen von bestimmten Ereignissen auf die Supply Chain zu analysieren und zu bewerten.

Der Grad der Supply Chain Anfälligkeit, so die Autoren, hängt von verschiedenen Treibern ab, die ihrer Meinung nach in drei disjunkte Gruppen eingeteilt werden können: Kunde, Lieferung und die Struktur der Lieferkette. Diese Treiber werden auch *Supply Chain Vulnerability Drivers* (SCVD) genannt und stellen Faktoren dar, die einen Einfluss auf das Auftreten und die Schwere der Folgen von Störereignissen haben. Die SCVDs auf der Kundenseite sind Eigenschaften des Kunden, wie zum Beispiel seine finanzielle Situation, darüber hinaus die Eigenschaften des kundenspezifischen Produktes und der Vertrieb und der Transport des Produktes zum Kunden. Eigenschaften der Lieferung sind zum einen die des Lieferantennetzwerks oder die Beziehungen zwischen den einzelnen Lieferanten. Der letzte Bestandteil dieser Klassifizierung befasst sich mit der Struktur der Lieferkette. Hierbei handelt es sich vor allem um den Grad der Integration der einzelnen Parteien in der Supply Chain oder die Koordination der Geld-, Informations- und Warenflüsse in der Lieferkette. Auch die internationale Verflechtung der Lieferkette ist ein wichtiger Punkt, denn je mehr Länder bzw. Kontinente in der Supply Chain involviert sind, desto höher ist die Wahrscheinlichkeit, dass unter anderem Naturkatastrophen eine negative Auswirkung auf die Lieferkette haben, so die Autoren. Neben diesen Treibern können die Einschätzung und die Messung der Schwachstellen der Lieferkette auf verschiedenen Ebenen ablaufen. Diese reichen von der Betrachtung einzelner Firmen, bis hin zur ganzen Industrie.

Da die einzelnen SCVDs in Abhängigkeit untereinander stehen, hat sich die Graphen-Theorie als ein nützliches Werkzeug herausgestellt, um diese Abhängigkeiten darzustellen und den SCVI herzuleiten. Die einzelnen Schritte der Messung sehen wie folgt aus:

1. Brainstorming zur Analyse der Schwachstellen anhand der SCVDs, wobei die Schwachstellen in den Graphen durch Knoten und die Abhängigkeiten untereinander durch Kanten dargestellt werden
2. Gewichtung der Abhängigkeiten der SCVDs anhand einer Korrelationsanalyse
3. Berechnung der SCVI anhand einer Adjazenzmatrix
4. Vergleich von unterschiedlichen SCVIs

Anhand von verschiedenen SCVIs lassen sich zum einen unterschiedliche Bestandteile der Supply Chain, wie zum Beispiel einzelne Lieferanten, unterschiedliche Strukturen oder aber auch verschiedene Industriezweige, die von der Supply Chain überdeckt werden, miteinander vergleichen und als Entscheidungsunterstützung beim Einsatz von verschiedenen Strategien und Instrumenten nutzen. So kann z.B. eine Berechnung des SCVI vor und nach dem Einsatz einer neu eingeführten Strategie zur Minderung des Risikos eines Störereignisses, Aufschluss über die Wirkung und den Erfolg dieser geben.

3.2 Frameworks und Modellierungstechniken

Dieses Kapitel dient der Übersicht von einigen in der Literaturrecherche aufgekommenen Methoden und Techniken im Zusammenhang mit Supply Chain Risikomanagement. Wie auch im Kapitel zuvor, wird nicht im Detail auf die jeweiligen Artikel eingegangen, sondern nur ein grober Überblick gegeben.

3.2.1 Multikriterielle Bewertungs- und Kontrollmethode von Risiken

Die Autoren Blackhurst, Scheibe und Johnson (2008) entwickelten eine multikriterielle Methode zur kontinuierlichen Erkennung, Bewertung und Analyse von Risiken, die von den Lieferanten eines Unternehmens in der Automobilbranche ausgehen. Als Anstoß zu der Entwicklung solch einer Methode diente ein Automobilhersteller aus den USA, der mit sich wiederholenden Produktionsunterbrechungen bedingt durch Störungen in seiner globalen Supply Chain zu kämpfen hatte.

Einen Beitrag zum Forschungsgebiet des SCRM leistet der verfasste Artikel in dreierlei Hinsicht. Zunächst einmal werden Risikofaktoren aus der Automobilindustrie identifiziert und zu Risikokategorien zusammengefasst, die auch auf andere Industrien transferiert werden können. Zweitens wurde eine multikriterielle Methode zur kontinuierlichen Erkennung, Bewertung und Analyse von Risiken entwickelt. Zu guter Letzt ermöglicht es den Managern, die Entwicklung und die Trends der Risiken in einem dynamischem Umfeld nachzuverfolgen und basierend hierauf, den Risiken pro-aktiv und bevor sie auftreten, mit Minderungsstrategien entgegenzutreten.

Die einzelnen Schritte der vorgestellten Methode sehen wie folgt aus: Basierend auf der in der Forschung bereits getätigten Auseinandersetzung mit dem Thema Supply Chain Risiko in der Automobilindustrie und anhand von Interviews mit Personen aus der Automobilbranche werden verschiedene Risiken identifiziert und klassifiziert.
Dieser Identifizierung folgt die Einteilung der Risiken in Oberkategorien, wie z.B. Störungen und Katastrophen, rechtliche Risiken, Qualitätsrisiken, IT-Risiken usw.. Die Kategorien werden in einem nächsten Schritt in detaillierte Unterkategorien und zusätzlich in interne und externe eingeteilt. Anschließend werden die einzelnen Risiken in den Unterkategorien nach

ihrem Anteil an der Schwere ihrer Auswirkung auf die Oberkategorie hin gewichtet. Die beispielhafte Einteilung der Risiken in die Kategorien und die Gewichtung dieser ist im Anhang (Abbildung Anh. 3-1) dargestellt.

Im nächsten Schritt wird die Performance der einzelnen Lieferanten basierend auf diesem Bewertungsschema bewertet, wobei darauf geachtet werden muss, dass verschiedene Produkte bzw. Einzelteile, die von dem Lieferanten bezogen werden, anderen Bewertungen hinsichtlich z.B. ihrer Qualitätsrisiken unterliegen. Bei anderen Kategorien jedoch spielen andere Faktoren eine Rolle und es muss nicht zwangsläufig nach einzelnen Produkten unterschieden werden. So z.B. bei der Bewertung nach der Oberkategorie Störungen und Katastrophen. Hier würde eine Bewertung nach dem Ort der Produktionsstätte erfolgen, da der Ort für eine Naturkatastrophe maßgebend ist und die in dieser Fabrik hergestellten Produkte alle dem gleichen Risiko ausgesetzt sind. Die Bewertung erfolgt anhand einer Skala von 0 bis 100, wobei 100 die schlechteste Beurteilung darstellt.

Dieser Bewertung der Lieferanten und deren Produkten folgt die Gewichtung des Anteils von diesen Zulieferern bezogenen Produkte am Endprodukt. Die Autoren raten den Einsatz dieser Methode nur auf bereits bekannte kritische Bestandteile bzw. Lieferanten anzuwenden, da es in der Komplexität von heutigen Endprodukten zu umfassend wäre, alle notwendigen Informationen zu erfassen und zu bewerten. Darüber hinaus, verweisen sie auch auf die dynamischen Eigenschaften von Supply Chains, was bedeutet, dass sich die Qualität von Ersatzteilen und Zulieferern mit der Zeit ändern kann oder sich andere Entwicklungen bei der Produktion ergeben können, so dass die Gewichtungen und die Bewertungen einem kontinuierlichen Aktualisierungsprozess unterzogen werden müssen.

Anhand einer einfachen Excel-Tabelle lässt sich eine sogenannte *Heatmap* erstellen, siehe hierzu Anh. 3-2, die dazu dient, kritische Teilprodukte, Ersatzteile oder Lieferanten farblich hervorheben zu lassen, wenn ein gewisser Toleranzbereich nach der Einschätzung der Lieferanten und deren Produkte überschritten wurde. Es lassen sich darüber hinaus, die Gewichtungen und Bestandteile dieser Bewertungsmethode in dieser Excel-Tabelle sehr einfach anpassen, was auch für diese Art der Umsetzung dieser Methode spricht.

Vielen Managern reicht es heutzutage nicht, den Status-Quo des Risikos bei der Produktion zu kennen, es besteht der Bedarf einer Risikoanalyse um pro-aktiv auf Störungen, Ereignisse und Entwicklungen reagieren zu können. Hierzu sollten die Daten kontinuierlich erfasst und einer Trendanalyse unterworfen werden, d.h. wenn z.B. die Bewertung eines Zulieferers einen negativen Trend aufweist, also innerhalb von einer gewissen Anzahl von Bewertungen binnen eines bestimmten Zeitraums kontinuierlich schlechter wird, aber sich noch im tolerierbarem Bereich befindet, so sollten bereits jetzt über Konsequenzen bzw. Alternativen nachgedacht werden, siehe hierzu Anh. 3-3. Diese Auswertung ließe sich mit sogenannten intelligenten Agenten automatisiert ablaufen lassen, was eine jedes Mal durchzuführende manuelle Eingabe aller notwendigen Zahlen obsolet werden lassen würde.

3.2.2 Delivery Time at Risk - Ein Instrument zur Bestimmung des Einflusses von Supply Chain Risiken auf die Lieferzeit

Der Artikel *Bestimmung von Lieferzeitabweichungen unter Berücksichtigung von Supply Chain-Risiken anhand von Instrumenten zur Risikobewertung aus der Finanzbranche*, der im Jahre 2011 in dem Journal Wirtschaftsinformatik erschienen ist, handelt über einen Ansatz zur Bestimmung des Einflusses von unternehmensinternen und von Supply Chain Risiken auf die Lieferzeiten eines Unternehmens, basierend auf einem Instrumentarium aus der Finanzbranche (Yüzgülec, Hellingrath, Wagenitz & Klingebiel, 2011).

Die aus dem Finanzsektor adaptierte Methodik, *Value at Risk*, ist ein Risikomaß und stellt den möglichen maximalen Wertverlust, der mit einer vorgegebenen Wahrscheinlichkeit innerhalb eines bestimmten Zeitraumes nicht überschritten wird, dar (Wolke, 2008). Anlehnend an diese Definition, wird das in diesem Artikel verwendete Risikomaß als *Delivery Time at Risk* bezeichnet und hat die Aufgabe „[...] *die maximal erwartete Lieferzeit, die in einem bestimmten Zeitraum mit einer festgelegten Wahrscheinlichkeit nicht überschritten wird* [...]" zu bestimmen.

Der Ablauf des Ansatzes erfolgt anhand der folgenden fünf Schritte, die im Folgenden detaillierter dargestellt werden:

1. Supply Chain Mapping
2. Prozessmodellierung
3. Risikoidentifikation
4. Risikobewertung
5. Risikoaggregation

Unter Supply Chain Mapping ist in diesem Zusammenhang die Visualisierung der Supply Chain in der das Unternehmen involviert ist, welches anhand von Experten und Fachkräften durchgeführt wird, gemeint. Die Darstellung sollte sich im Speziellen nur auf kritische Abschnitte der Supply Chain, in denen Engpässe in den Lieferzeiten zu vermuten sind, konzentrieren, um die anschließende Analyse nicht unnötig aufzublähen. Diese Fokussierung und Priorisierung kann anhand der Methode des *Beanspruchungs-, Belastbarkeits- und Aufwandsportfolio* (BBAP), welches das klassische *Beanspruchungs- und Belastbarkeitsportfolio* durch den Parameter Aufwand ergänzt, erfolgen.

Der nächste Schritt im Prozess der Bestimmung der Lieferzeitabweichung ist die Prozessmodellierung. Diese dient dazu, neben der Darstellung des Prozesses und den Abhängigkeiten und Beziehungen zu anderen internen Geschäftsprozessen, die Identifikation und Bewertung von Risiken zu tätigen. Auf den im vorherigen Schritt anhand des BBAP fokussierten Abschnitt der Supply Chain, wird nun die Prozesskettendarstellung nach Kuhn angewandt, welche *„eine Visualisierung, Analyse und Optimierung der Wertschöpfungsketten"* erlaubt. Ohne im Detail auf die Methodik der Prozesskettendarstellung einzugehen - interessierte Leser werden auf Kuhn (1995) verwiesen - ist im Anhang Anh. 3-4 ein exemplarischer Prozess, welcher anhand dieser Methode dargestellt wurde, abgebildet.

Die Risikoidentifizierung steht im Fokus des nächsten Schrittes, welche in zwei Unterschritten und anhand einer Expertengruppe durchgeführt wird. Zunächst einmal kommt in dieser Gruppe das sogenannte *Brainwriting* zum Tragen. Hierbei werden entlang der niedergeschriebenen Prozesse die Risiken und die Risikoursachen einzeln durch die Experten aus den relevanten Fachbereichen, basierend auf den definierten Zielen, identifiziert und in einer Liste notiert. Diesem Vorgehen schließt sich der zweite Schritt, das systematische Prüfen und Ergänzen der Liste, an. Dies erfolgt anhand einer Risikochecliste, welches sich am *Supply Chain Operations Reference-Modell* (SCOR) orientiert und in dem weitere Risiken und ihre Ursachen aufgelistet sind (Thonemann, 2010). Nach der Erfassung aller Risiken werden die Orte der Risikoursachen ergänzt.

Im vorletzten Schritt, der Risikobewertung, werden die identifizierten Risiken bewertet. In diesem Schritt werden, bevor die eigentliche Bewertung stattfindet zunächst einmal die möglichen Risikofolgen benannt und die Eintrittswahrscheinlichkeiten der Risikoursachen und die Schadensausmaße der Risikofolgen eingeschätzt. Da in diesem Artikel die Lieferzeit im

Mittelpunkt der Betrachtung steht, wird der Schadensausmaß anhand der prozentualen Abweichung an der Soll-Durchlaufzeit bemessen. Da für die Bewertung der Risiken Verteilungen notwendig sind, wird für diesen Schritt der Verlustverteilungsansatz verwendet. Dieser Ansatz wird in sechs Teilschritten durchgeführt. Der interessierte Leser wird für eine detailliertere Darstellung des Ansatzes auf den Artikel der Autoren verwiesen.

Im letzten Schritt wird die Risikoaggregation durchgeführt. Hierbei werden die einzelnen auf den Prozess wirkenden und bewerteten Risiken zu einem Gesamtrisiko zusammengefasst.

Der von den Autoren vorgestellte Ansatz soll Supply Chain Managern die Möglichkeit bieten, die Wahrscheinlichkeit der Erreichung von Lieferzeiten und die eventuell resultierenden Lieferzeitabweichungen zu errechnen und dadurch Wettbewerbsvorteile zu erhalten. Jedoch verweisen die Autoren auch auf die Nachteile dieses Ansatzes, welche neben der Tatsache, dass viele Schritte auf Schätzungen beruhen, vor allem durch die Komplexität der Anwendung, den hohen zeitlichen Aufwand und der notwendigen statistischen Vorkenntnisse begründet ist.

3.2.3 Ein Framework für eine robuste Supply Chain

In dem Journal *International Journal of Production Economics* wurde im Jahre 2012 ein Artikel der Autoren Vlajic, van der Vorst und Haijema mit dem Titel *A framework for designing robust food supply chains* vorgestellt, welches als Thema ein Framework zur Analyse und der Neu- bzw. Umgestaltung einer robusten Supply Chain für Nahrungsmittel hat. Die Autoren verweisen darauf, dass ein solches Framework in der Supply Chain Management Forschung nicht ausreichend behandelt wurde, und somit soll dieser Artikel einen Beitrag zu diesem Forschungsbereich darstellen.

Anhand der Erkenntnisse durch verschiedene Literaturanalysen, der Teilnahme an Workshops und diversen Interviews mit Fachleuten aus diesem Bereich, wurde das Framework erstellt und in einem Fallbeispiel erfolgreich durchgeführt. Zunächst einmal wird von den Autoren der Begriff Robustheit im Zusammenhang mit einer Lieferkette wie folgt definiert: Es ist das Ausmaß einer noch akzeptierbaren Performance einer Supply Chain hinsichtlich seiner Key Performance Indicator (KPI), während und nach einem unerwartetem Ereignis, welches Störungen in einem oder mehreren Prozessen in der Logistik zur Folge hat.

Obwohl das Framework zum erstmaligen Design und Konzeption einer Lieferkette beitragen kann, liegt der Fokus bei der Umgestaltung von bereits vorhandenen, aber nicht robusten Supply Chains. Dabei gibt es zwei verschiedene Strategien, die angewendet werden können. Zum einen die Prävention von Ereignissen die zu Störungen in der Supply Chain führen können, in dem das Ereignis bereits im Voraus kontrolliert, eliminiert oder vermieden wird und zum anderen, Strategien die das Ausmaß der Störung abfangen können. Hierbei ist die erste Strategie, wenn anwendbar, der zweiten Strategie immer vorzuziehen.

Ein Beispiel für diese verschiedenen Strategien erläutern die Autoren anhand eines Unfalls beim Transport von Rohmaterialien zur Weiterverarbeitung in einer Fabrik. Der wegen des Unfalls entstehende Domino-Effekt führt zu Verzögerungen bei der Produktion und im schlimmsten anzunehmenden Fall bis zur Nicht-Erfüllung von Kundenaufträgen. Zum einen kann diesem Domino-Effekt anhand der ersten Strategie mittels mehrerer alternativer Bezugsquellen oder anhand eines Puffers von Rohmaterialien entgegengetreten werden oder das Ausmaß der Störung kann mittels zweiter Strategie gemindert werden, indem Fertigprodukte auf Lager gehalten werden und der Kunde durch diese bedient wird.

Die Umgestaltung zu einer robusten Supply Chain wird anhand des im Anhang 3-5 befindlichen Frameworks dargestellt. Es stellt zum einen das vorherrschende Supply Chain Szenario mit seinen Bestandteilen, wie z.B. die Informations-Systeme oder ihre Organisationsstruktur in den Mittelpunkt der Betrachtung und zeigt zugleich die Beziehungen zwischen den einzelnen Schritten des Umgestaltungsprozesses. Dieser Prozess hat als Ziel folgende fünf Punkte:

1. Darstellung und Analyse des Supply Chain Szenarios und seiner KPI
2. Identifikation von unerwarteten Ereignissen und Störungen anhand der KPI, welche die Performance beeinflussen
3. Bewertung der Performance, d.h. wie lange und wie oft kann die Supply Chain Störungen widerstehen
4. Identifikation der Quellen der Anfälligkeit der Supply Chain, welche einen Einfluss auf die Robustheit haben
5. Identifikation von angemessenen Umgestaltungsstrategien, welche die Störungen beseitigen oder die Folgen dieser mindern

Die einzelnen Schritte des Prozesses sind in Abbildung 3-6 im Anhang dargestellt. Die Ausführung der einzelnen Schritte kann durch verschiedene Methoden und Techniken erfolgen, so lassen sich die KPIs anhand von Interviews mit Facharbeitern in der Fabrik und anhand von Einflussdiagrammen, die Quellen der Anfälligkeit und die Beziehungen zwischen den einzelnen Produktions-Prozessen identifizieren.

Anhand einer praktischen Anwendung des Frameworks in einer fleischverarbeitenden Fabrik in den Niederlanden im Zeitraum eines Jahres konnte ein erfolgreiches Feedback und Erkenntnisse zur Praxistauglichkeit gewonnen werden. Jedoch stellen die Autoren klar, dass noch weitere Fallbeispiele zur Validierung des Frameworks folgen sollten und weitere Forschung zu den Strategien und KPIs notwendig sind.

3.3 Entwicklung und State-of-the-Art der IT-Unterstützung im Supply Chain Risikomanagement

Dieser Abschnitt beschäftigt sich mit der Hauptthematik dieser Studie und stellt verschiedene IT-Systeme die im SCRM angesiedelt werden können, beschrieben.

3.3.1 PAMAS – Ein agentenbasiertes Supply Chain Event Management System

In dem Artikel *PAMAS – An Agent-based Supply Chain Event Management System* (Zimmermann & Paschke, 2003) geht es um ein pro-aktives und agenten-basiertes SCEM-System, anhand dessen ein Störereignis in einer Supply Chain frühzeitig erkannt und den nachfolgenden Unternehmen kommuniziert werden kann.

Der Fokus in diesem Artikel liegt auf einer Supply Chain bestehend aus einem Fabrikanten, der bestimmte Produkte herstellt oder bearbeitet und diese über ein Logistik-Unternehmen an seine Kunden, als Endprodukt oder zur weiteren Verarbeitung, verschickt. Es wird angenommen, dass der Logistiker zur Auftragserfüllung die Dienste weiterer Spediteure nutzt, um die Auslieferungen erfolgreich durchzuführen.

Bevor auf die Anwendung eingegangen wird, wird zunächst das Konzept des *Agenten* erläutert. Eine Definition lässt sich in der Enzyklopädie der Wirtschaftsinformatik (Unland, 2012) finden:

> *„Unter einem intelligenten Softwareagenten wird dabei ein Computerprogramm verstanden, welches flexibel, autonom, vorausschauend und mit einer gewissen Intelli-*

genz ausgestattet in der Lage ist, in einer Umgebung diese zu beobachten und auf für den Agenten relevante Ereignisse angemessen zu reagieren."

Die Autoren des Artikels sprechen den Softwareagenten zusätzlich folgende Eigenschaften zu (Bodendorf & Zimmermann, 2005):

1. Ein Agent agiert in seiner Umgebung als Vertreter eines Users oder eines Objektes, z.B. einer Maschine
2. Es kann sein definiertes Umfeld wahrnehmen und verändern
3. Es löst Probleme automatisch

Des Weiteren führen die Autoren aus, dass Agenten untereinander kommunizieren, sich koordinieren und Probleme gemeinsam lösen können. Ein Zusammenschluss mehrerer Agenten wird als Multi-Agenten System bezeichnet. Darüber hinaus können Agenten nicht nur untereinander kooperieren, sondern lassen sich auch in andere IT-Systeme, integrieren. Ein weiterer Funktionsbereich sind elektronische Marktplätze, auf denen die Agenten, im Auftrag ihrer jeweiligen Nutzer, Produkte handeln können.

Die spezifische Architektur des entwickelten SCEM-Prototypen, der PAMAS (**P**roaktives **A**uftragsüberwachungs-**M**ulti-**A**genten-**S**ystem) genannt wird, ist in Abbildung 3-1 dargestellt.

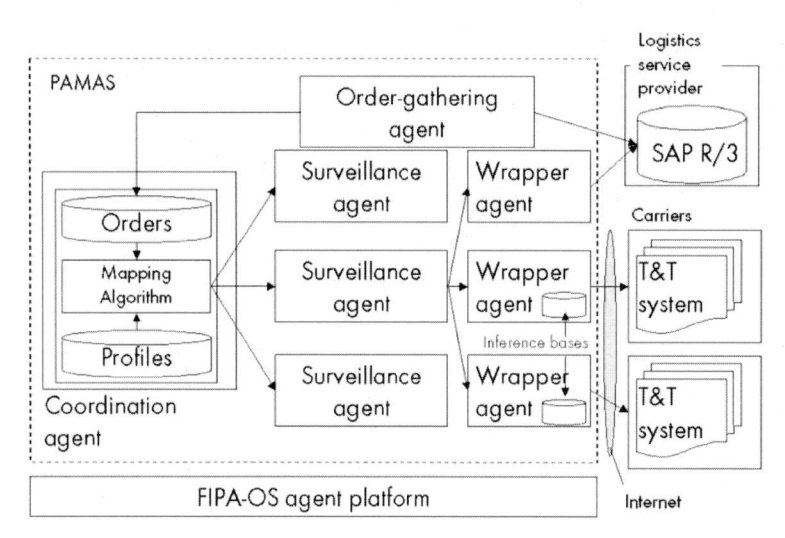

Quelle: Bodendorf & Zimmermann (2005), S.76.

Abb. 3-1:   PAMAS-Architektur

Wie in der Abbildung erkennbar, besteht die Anwendung aus verschiedenen Agenten, die zusammen die Agentenplattform ausmachen. Diese wären zum einem Koordinations-, Beobachtungs- und Wrapper-Agenten. Der in der Architektur vierte abgebildete Agent wird hierbei als Teil des Koordinationsagenten gesehen und dient lediglich als Schnittstelle zu dem internen ERP-System. Die Agentenplattform des Logistik-Unternehmens ist des Weiteren mit weiteren Tracking und Tracing-Systemen seiner Spediteure über das Internet verbunden.

Der allgemeine Ablauf des pro-aktiven SCEM-Systems mit seinen verschiedenen Agenten ist in Abbildung 3-2 dargestellt.

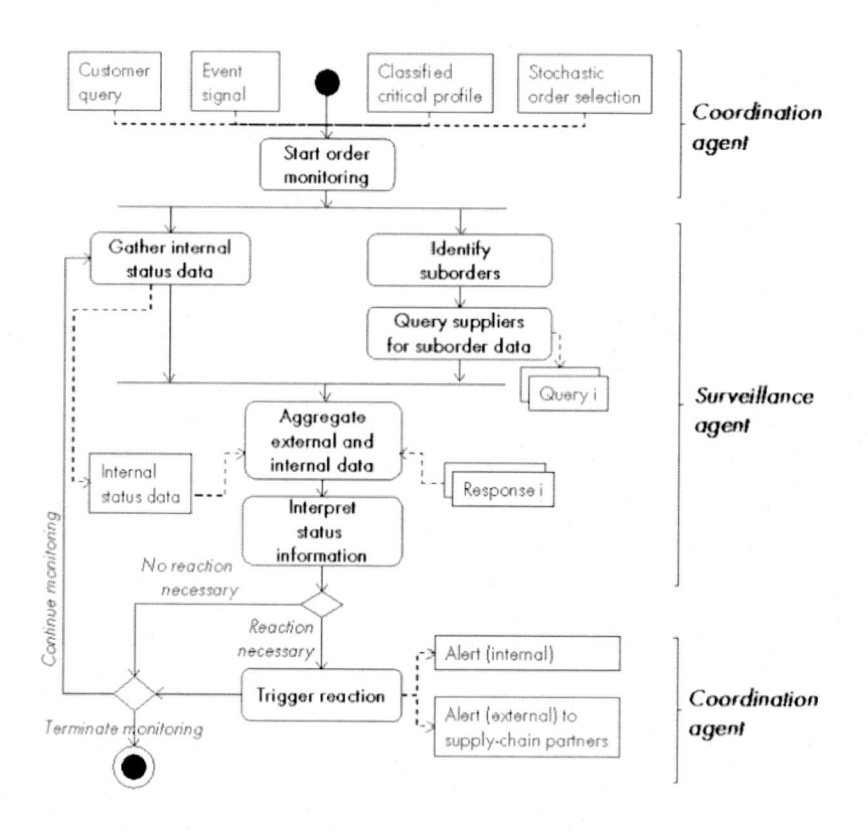

Quelle: Bodendorf & Zimmermann (2005), S.70.

Abb. 3-2: Prozessablauf der PAMAS Architektur

Beim Koordinationsagenten (Coordination agent) erfolgt zunächst einmal die Entscheidung, ob eine Lieferung als Auftrag deklariert und somit überwacht werden soll. Hierfür gibt es vier verschiedene Möglichkeiten. Es wird zum einen durch einen Kunden direkt angestoßen, ein externes oder internes System meldet eine Störung während der Auslieferung, die Aufträge werden zufällig ausgewählt oder mittels Risikoprofilen berechnet. Diese Risikoprofile werden anhand von Experten wie z.B. Produktionsplanern oder Logistik-Managern erarbeitet und anhand eines Matching-Algorithmus wird entschieden, ob eine Lieferung näher kontrolliert werden soll. In dem bereits genannten Artikel wird ein Beispiel erwähnt, bei der eine Lieferung mit dem Ziel Russland und der Lieferungsart „Express" von dem Algorithmus als risikoreich eingestuft und die Auslieferung einer intensiveren Beobachtung durch die Anwendung zwischen den Supply Chain Unternehmen unterzogen wird. Die spezifische Architektur des Koordinationsagenten ist in Abbildung 3-7 im Anhang hinterlegt. Anhand der Benutzeroberfläche des Koordinationsagenten, siehe Abbildung 3-8 im Anhang, können die Bestellungen nachverfolgt, neue Beobachtungsagenten Bestellungen manuell zugeordnet und neue Risikoprofile angelegt werden.

Die Beobachtungsagenten (Surveillance agent) sind jeweils für die Nachverfolgung eines einzelnen Auftrages zuständig. Der Transportweg dieses Auftrages wird in kleinere logische Meilensteine eingeteilt, welche einzeln kontrolliert und der Status dieser durch die Farben einer Ampel angezeigt werden. Hierzu werden Daten von verschiedenen Quellen herangezogen. Hierbei sind während des Logistik-Prozesses für das Anwendungssystem drei Daten wichtig. Zum einen gibt es die Basis-Daten, die während des ganzen Auslieferungsprozesses stabil bleiben, wie z.B. die Adresse des Kunden, die Art des Produktes usw., die Status-Informationen, die die aktuelle Situation der Lieferung beschreiben, wie z.B. geplante Ankunftszeit und tatsächliche Ankunftszeit, und als letztes gibt es noch die Entscheidungs-Informationen, die Auskunft über Störereignisse, wie z.B. das mögliche Ausmaß des Ereignisses oder die Beschreibung dieser, geben. Diese zuletzt genannten Informationen sind besonders wichtig, da anhand dieser die entsprechenden Reaktionen zur Minderung des Schadens nach der Benachrichtigung eingeleitet werden können. Befindet sich die Bestellung in einem der eigenen Transportern, so beziehen sogenannte Wrapper-Agenten den Status über die internen ERP-Systeme, was auch als *intra-organizational tracking* bezeichnet wird, und wenn die Bestellungen bereits externen Lieferanten übergeben wurde, so beziehen die Wrapper-Agenten ihre Informationen über die jeweilige Tracking-Website des Spediteurs, was auch *inter-organizational tracking* genannt wird. Die Beobachtungsagenten berechnen darüber hinaus die Durchlaufzeiten der jeweiligen Aufträge und vergleichen diese mit den geplanten Ankunfts- und Puffer-Zeiten des nächsten Meilensteins. Diese Zeiten können durch verschiedene Ereignisse, wie z.B. Verkehrsstaus oder Unfälle von den Planungen abweichen. Anhand der Durchlaufzeiten und der erreichten Meilensteine wird eines der drei Status pünktlich, verspätet oder kritisch vergeben. Erhält eine Bestellung den Status kritisch, womit gemeint ist, dass eine gegebene Pufferzeit überschritten wurde, so wird eine im PAMAS-System hinterlegte Kontaktperson beim Logistik-Unternehmen durch den Koordinationsagenten benachrichtigt, welcher im Nachhinein die jeweiligen Unternehmen in der Supply Chain kontaktieren kann. Die Benutzeroberfläche des Beobachtungsagenten ist in Abbildung 3-9 im Anhang abgebildet. Die Autoren verweisen auf die Möglichkeit der Anpassbarkeit der Benachrichtigungsfunktion, um z.B. je nach Grund für die Verspätung individuelle Nachrichten zu verschicken.

Die erwähnten Wrapper-Agenten sind in diesem Informationssystem von großer Bedeutung, da die Anwendung Informationen und Daten aus externen Quellen (z.B. externe ERP-Systeme, Datenbanken und Tracking & Tracing-Systemen) der Zulieferer heranziehen muss und diese in den unterschiedlichsten Formaten (z.B. XML oder HTML) vorliegen können. Wrapper-Agenten sorgen aus diesem Grund für ein heterogenes Format und stellen diese Informationen, wie bereits erläutert, den Beobachtungsagenten zur Verfügung. Die Autoren erwähnen, obwohl anhand der Wrapper-Agenten die Möglichkeit besteht, das Anwendungssystem mit den Tracking & Tracing-Systemen jedes Teilnehmers zu verbinden, der volle Nutzen der Anwendung erst bei der Einführung von PAMAS direkt bei jedem einzelnen Unternehmen ausgeschöpft wird.

Durch die hohe Art der Individualisierbarkeit der einzelnen Agenten lässt sich das System den Anforderungen für ein Risikomanagement-System in Lieferketten anpassen und neben dem Logistik-Unternehmen direkt die entsprechenden Unternehmen in der Lieferkette automatisiert benachrichtigen. So könnten beim Eintritt von Störereignissen während des Transportes, die nachgelagerten Unternehmen benachrichtigt und die Auswirkungen dieser Ereignisse durch Ausweichpläne bzw. anderer Bezugsquellen in kürzester Zeit gemildert werden.

3.3.2 FORWIN – Ein auf Web-Services basierendes SCEM-System

Der im Jahre 2000 gegründete und durch die Kooperation von fünf bayrischen Hochschulen ins Leben gerufene Bayerische Forschungsverbund Wirtschaftsinformatik (FORWIN), beschäftigte sich in den Jahren 2000 bis 2005 mit dem Forschungsgebiet der flexiblen Kopplung von IT-Systemen im E-Business. Der in dieser Arbeitsgemeinschaft entstandene Prototyp eines web-basierten Informationssystems zur Unterstützung von interorganisationalen Lieferantennetzwerken bei der Überwachung und Meldung von Abweichungen wurde im Jahre 2003 unter dem Titel *Inter-Organizational Disruption Management Based on Flexible Integration with Web Services* in dem Journal Wirtschaftsinformatik vorgestellt (Speyerer & Zeller, 2003). Das Ziel war es, die von der Norm abweichenden Ereignisse in der Supply Chain und deren Auswirkungen zu messen, die Quellen dieser zu identifizieren und die entsprechenden Parteien in dem Lieferantennetzwerk zu informieren. Dieser erwähnte SCEM-Prototyp wurde anhand von Web-Services realisiert und aus diesem Grund wird eine kurze Definition dieses Konzeptes vorgestellt, bevor auf den in dem Artikel vorgestellten Prototypen, eingegangen wird.

Das *World Wide Web Consortium* (W3C) welches eine internationale Gemeinschaft von Unternehmen und Privatleuten darstellt, hat sich als Ziel gesetzt, Standards für das Internet zu erstellen. Die von dieser Gemeinschaft erstellte Definition von Web-Services ist die folgende: *"Web-Services sind plattformunabhängige Software-Komponenten zur Realisierung verteilter Anwendungen."* Es stellt somit einen Ansatz dar, anhand dessen Software-Anwendungen oder einzelne Komponenten völlig unabhängig von der benutzten Programmiersprache und der verwendeten Hard- und Software-Plattform miteinander kommunizieren können. Weiter wird ausgeführt, dass

„[...] die Beschreibung von Schnittstellen über die Sprache Web Service Description Language (WSDL) und die Interaktion mit Web-Services über SOAP-Nachrichten die Kernelemente bei der Charakterisierung von Web-Services [...]" darstellen.

WSDL ist eine programmier- und protokollunabhängige Metasprache und *Simple Object Access Protocol* (SOAP) ein Kommunikationsprotokoll für Web-Services, wobei beide Technologien auf XML-Standards basieren. Darüber hinaus werden für den Transport von SOAP-Nachrichten HTTP oder andere Internetprotokolle verwendet und über einen standardisierten Verzeichnisdienst, *Universal Description, Discovery and Integration* (UDDI), lassen sich Informationen über die verschiedenen abrufbaren Dienste einholen (Setzer & Bichler, 2012).

Die Gründe für die Nutzung von Web-Services liegen, so die Autoren Speyerer und Zeller, in der unstabilen und sich immer verändernden Natur von Supply Chain Netzwerken und der Tatsache, dass Unternehmen meist nicht nur in einem Lieferantennetzwerk aktiv sind, sondern zeitgleich in mehreren. Aus diesem Grund ist es wichtig, flexibel auf Veränderungen, wie z.B. die Integration einer neuen Partei in die Supply Chain, einzugehen und kosten- und zeitsparend zusammenzuarbeiten, was vor allem für kleine und mittlere Unternehmen (KMU) existenziell wichtig ist. Die IT-Landschaft in den einzelnen Unternehmen war bei traditionellem Datenaustausch und Kommunikation sehr stark aufeinander angepasst und somit sehr starr. Anhand von Web-Services kann diese starre IT-Infrastruktur gebrochen, somit flexibler gestaltet werden und über den UDDI wird die Möglichkeit geboten, notwendige Funktionen oder Informationen über diese zu suchen. Dem Sicherheitsbedenken der Unternehmen kommt im Rahmen von Web-Services auch die Nutzung des Transportprotokolls HTTP entgegen, da somit keine weiteren Ports in der Firewall geöffnet werden müssen. Durch die Eigenschaft der Plattformunabhängigkeit des Prototyps, kann eine Reihe von verschiedenen in Supply Chains verwendeten IT-Systemen, wie z.B. PDAs, Barcode-Scanner, PCs usw., auf den serverbasierten Prototypen zugreifen und diesen verwenden.

Mögliche Störereignisse, die in der Supply Chain auftreten können, wie z.B. Naturkatastrophen, Streiks, aber auch Maschinenausfälle, werden in dem im Folgenden vorgestellten System anhand eines Bottom-Up-Verfahrens an die entsprechenden Manager in den betroffenen Unternehmen weitergeleitet, ohne jedoch ein Information-Overflow durch die Benachrichtigung aller Supply Chain Teilnehmer zu erzeugen. Darüber hinaus analysiert das im Fokus stehende System anhand einer Datenbank und mittels vergangener Ereignisse die möglichen Auslöser für ein Störereignis. So erwähnen die Autoren, dass ein einzelnes Ereignis nicht unbedingt große Auswirkungen haben muss, jedoch in Verbindung mit weiteren kleinen Störungen verheerenden Schaden verursachen kann. Aus diesem Grund stehen neben der Funktionalität der gefilterten Benachrichtigung von Teilnehmern, auch die Analyse der Quellen der Störereignisse und das Lernen im Vordergrund dieses Systems.

Die Grundarchitektur des vorgestellten Prototyps FORWIN, ist in der folgenden Abbildung 3.1 dargestellt.

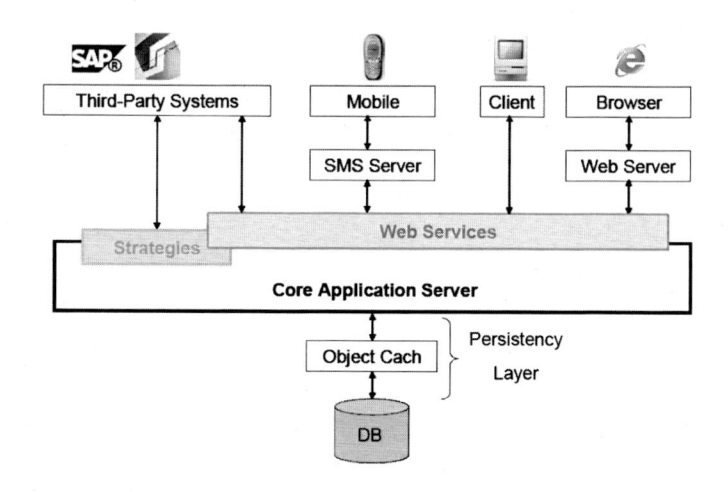

Quelle: Speyerer & Zeller (2004), S. 4.

Abb. 3-3: **Basis-Architektur des FORWIN-Prototyps**

Die erste Ebene in dem System besteht aus einem Zwischenspeicher, hier *Object Cache* genannt, welcher dazu dient, Daten und Objekte in eine permanente Datenbank zu schreiben und diese bei Bedarf wiederaufzurufen. Diesem folgt die eigentliche Logik der Anwendung. Da anhand mit Web-Services eine Fülle von Funktionen über das Internet angesprochen und benutzt werden können, sind in dieser Ebene nur wenige Methoden und Funktionen abgebildet, die für die Anwendung essentiell notwendig sind und nicht von außerhalb angefragt werden können. Hierzu gehören unter anderem Funktionen zur Authentifizierung und zur Rollenverteilung von Benutzern in dem System. Angesprochen werden kann das System anhand von mobilen Endgeräten, externen Systemen oder anhand des Webbrowsers.

Das Datenmodell, welches diesem Prototyp zugrunde liegt, muss einerseits eine Fülle von Daten über die einzelnen Supply Chain Objekte, die Beziehungen untereinander und die Transaktionen dieser speichern. Und andererseits hat es die Aufgabe, die Informations- und Materialflüsse in den einzelnen Prozessen abzubilden und alternative Wege beim Eintritt von störenden Ereignissen zu enthalten. Ein konzeptuelles Datenmodell ist im Anhang unter 3-10 abgebildet. In dem Datenmodell der Anwendung werden Prozesse als *ActivityTypes* und feinere Aufgaben in diesen als *Activities* dargestellt und anhand eines sogenannten per Web-Services abrufbaren *ActivityType-Manager* lassen sich diese flexibel erstellen und anpassen, siehe im Anhang die Abbildung 3-11. Zusätzlich muss der jeweilige Prozess über den ActivityType-Manager mit wichtigen Eigenschaften wie z.B. die geplante Abfahrtzeit und die geplante Ankunftszeit versehen werden. Im nächsten Schritt lässt sich der Prozess über eine weitere Web-Service, hier Process Viewer genannt, aufrufen, siehe im Anhang 3-12.

Um die Funktionsweise des Prototypens zu verdeutlichen, wird der Ablauf an einem Beispiel-Prozess, welcher in Abbildung Abb. 3-4 graphisch dargestellt ist, vorgestellt.

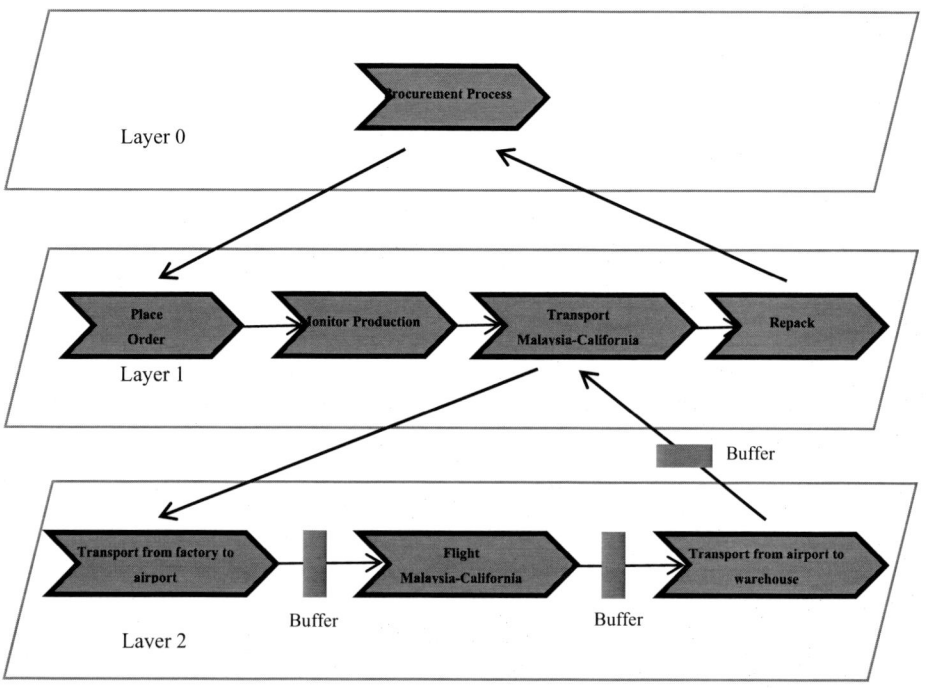

Quelle: Angelehnt an Speyerer & Zeller (2004), S. 6.

Abb. 3-4: **Beispielprozess Beschaffung**

Der Prozess der betrachtet wird, stellt einen Beschaffungsprozess eines Unternehmens in einer Lieferkette dar. Dieser ist in verschiedene Ebenen aufgeteilt, die sich in der Detailliertheit unterscheiden. Dabei lautet das Prinzip: Je tiefer die Ebene, desto detaillierter der Prozess. Die im System hinterlegten Prozesse lassen sich je nach Beschaffenheit durch die Web-Services anpassen, ohne jedes Mal den ganzen Prozess verändern zu müssen. So kann z.B. in dem Beispiel-Prozess der Transport in der untersten Ebene anstatt mit dem Flugzeug mit dem Schiff erfolgen und diese dann durch den ActivityType-Manager per Web-Service angepasst werden. Das System errechnet basierend auf den eingetragenen Eigenschaften des Prozesses, wie z.B. die Abfahrtzeit und die Ankunftszeit, verschiedene Parameter und gibt diese Informationen von unten nach oben weiter, so dass der kritische Pfad mit seinen Pufferzeiten berechnet werden kann. Bei kleineren Abweichungen, wie z.B. Verspätungen durch Staus, die durch die Puffer kompensiert werden können, wird nichts unternommen, sobald jedoch der kritische Pfad nicht eingehalten oder Deadlines überzogen werden, informiert das System automatisch die entsprechenden Manager. Dies führt dazu, dass die entsprechenden Kontaktpersonen nicht mit Informationen über alle auftretenden Ereignisse überschwemmt werden, sondern nur die erhalten, die größere Auswirkungen auf die Supply Chain oder die Prozesse des Unternehmens haben können.

Die notwendigen Informationen über Ereignisse können auf zweierlei Weise in das System eingepflegt werden. Zum einen besteht die Möglichkeit anhand des Aufrufs von verschiedenen Web-Services die Informationen über das Ereignis manuell in die Datenbank des Systems einzupflegen. So können LKW-Fahrer anhand mobiler Endgeräte, wie PDAs, bei einem Unfall die Informationen direkt dem System übermitteln. Zum anderen übermitteln die in einem bestimmten Prozess involvierten Unternehmen mittels XML-Dokumente und über das Internet notwendige Daten automatisiert, wenn z.B. ein Maschinenausfall zu Verzögerungen in der Auslieferung bestimmter Produkte führt.

Neben der Möglichkeit des Filterns der Nachrichten, sticht dieses System mit einer weiteren Besonderheit hervor, die der Diagnose und der Ermittlung der Quellen der Ereignisse. Ein auftretendes Ereignis kann verschiedene Gründe haben und durch verschiedene unterschiedliche Symptome gekennzeichnet sein. Die Autoren vergleichen die Suche der Quellen für Störereignisse mit einem Arztbesuch eines Patienten, bei dem der Arzt anhand von verschiedenen Symptomen und der vorhandenen eigenen Erfahrung auf die Quelle der Krankheit schließen kann. Auch in dem vorgestellten System wird die Erfahrung der einzelnen Supply Chain Teilnehmer mit Störereignissen in einer Datenbank gesammelt und für alle Unternehmen zur Verfügung gestellt. Hierbei werden die Auslöser für das Ereignis anhand der Erfahrung der Unternehmen und mittels der Symptome nach ihrer Häufigkeit in eine Rangordnung gebracht. Bei der Diagnose erfolgt dann der automatisierte Test der möglichen Auslöser. Wird nach der Diagnose der korrekte Auslöser gefunden, wird dies zusätzlich in der Datenbank erfasst und somit findet ein Lernen des Systems statt. Es wird ein Beispiel vorgestellt, bei der eine nicht angekommene Lieferung beim Empfänger im Mittelpunkt steht. Das System meldet zunächst den betroffenen Ansprechpersonen das Ereignis und greift im nächsten Schritt auf die Datenbank zu und durchläuft die Reihenfolge der möglichen Gründe hierfür. So wird anhand der historischen Daten die Hypothese aufgestellt, dass die Sendung vom Absender nicht rausgeschickt wurde, da es als Grund für das Ereignis eine hohe Priorisierung basierend auf den Erfahrungen der Supply Chain Teilnehmer hat. Durch die Anfrage der Sendungsnummer beim Absender wird im nächsten Schritt diese Hypothese getestet. Wird die Hypothese bestätigt, so werden die betroffenen Unternehmen benachrichtigt und die Datenbank mit diesen Informationen gepflegt, andernfalls wird in der Rangordnung der nächste mögliche Auslöser getestet.

Die Autoren verweisen darauf, dass das vorgestellte System noch nicht ausgereift genug ist, aber durch weitere Funktionen erweitert werden könnte. Hierzu zählt der Autor die automatisierte Abfrage in den ERP-Systemen der Unternehmen, das Vorschlagen von Alternativen beim Eintritt von Störereignissen und die Einbeziehung von Wahrscheinlichkeiten bei der Diagnose.

3.3.3 CoS.MA – Ein Multiagentensystem für das mobile SCEM

In den Journal-Beiträgen aus dem Jahre 2005 wird ein agentenbasiertes Mobile Supply Chain Event Management-System auf der Basis von Auto-ID-Technologien und mobilen Endgeräten vorgestellt (Teuteberg, 2005; Teuteberg & Schreber, 2005). Das Anwendungssystem CoS.MA, welches für *Cooperative and Ubiquitous Supply-Network Monitoring Agents* steht und Gegenstand des Forschungsprojektes *Mobile agenten im Supply Chain Management* vom Bildungsministerium für Bildung und Forschung war, verfolgt das Ziel anhand der Agententechnologie „[...] *die Effizienz des gesamten Supply Networks zu steigern, so dass prinzipiell alle Partner Supply Networks Wettbewerbsvorteile erlangen können.*" (Teuteberg, 2005).

Mit Auto-ID-Technologie ist in diesem Zusammenhang der Einsatz von *Radio Frequency Identification* (RFID) gemeint. Die RFID-Technologie basiert auf sogenannten Transpondern, auch Tags genannt, welches einige Quadratmillimeter große Datenträger mit integrierten Antennen darstellen. Per Funk können diese Tags anhand von Lesegeräten, auch Reader genannt, ausgelesen werden. Der Vorteil dieser Technologie im Vergleich zu herkömmlichen Barcodes ist es, dass kein Kontakt zwischen Tags und Reader notwendig ist und die Distanz dieser beiden bis zu einige Meter betragen kann. Darüber hinaus lassen sich anhand der Reader mehrere Tags zeitgleich auslesen und es können mehr Informationen auf den Speichern dieser gespeichert werden. Die Infrastruktur hinter der RFID-Technologie wird als EPC Network bezeichnet und wurde 2003 in einem konzeptuellen Framework von der EPCglobal, einer Organisation die für die Entwicklung, Kommerzialisierung und Standardisierung von RFID und EPC verantwortlich ist, aufgestellt. Der Hauptgedanke hinter diesem Framework ist es, das Teilen von Informationen zwischen Unternehmen eines Unternehmens-Netzwerkes zu ermöglichen (Teuteberg, 2005). EPC steht in diesem Zusammenhang für Electronical Product Code und stellt eine Nummerierungstechnik dar, anhand dessen jedem Objekt eine der 68 Milliarden möglichen Seriennummern vergeben und diese somit eindeutig identifizierbar gemacht werden können. Mittels eines *Object Name Service* Server werden die EPC-Nummern den jeweiligen Objekten zugeordnet und anhand einer IP-Adresse können die

Information von überall aus von einer Datenbank anhand eines Informationsdienstes abgefragt werden. Ein zentrales Middleware-System dient als zentrale Kommunikationsschnittstelle zwischen den einzelnen Bestandteilen des EPC-Networks und weitere externe Unternehmens-Anwendungen lassen sich anhand von Schnittstellen in diese Infrastruktur einbetten.

Das Informationssystem CoS.MA ist als ein Peer-to-Peer-Netzwerk (P2P) in einem Supply Chain Netzwerk realisiert, wobei jede Partei in diesem Netzwerk ein eigenständiges Agentensystem nutzt. Hierdurch ist eine dezentrale Funktionsweise gegeben und alle Unternehmen in der Supply Chain sind gleichgestellt, jedoch durch Autorisations- und Sicherheitsdienste geschützt. Anhand der P2P-Architektur lässt sich das Netzwerk problemlos durch neue Unternehmen erweitern oder verkleinern und ist somit in Sachen Flexibilität und Skalierbarkeit besser als reine Client-Server-Lösungen. Ein weiterer Vorteil dieses Ansatzes ist es, dass der Ausfall einzelner Agentenplattformen nicht so schwer wiegt wie bei einem zentral betriebenen System. Darüber hinaus erlaubt CoS.MA die in den Unternehmen bereits vorherrschenden IT-Systeme, wie z.B. ERP-, SCM oder PPS-Systeme (Produktionsplanungs- und Steuerungssysteme) in das Netzwerk zu integrieren, um die von diesen IT-Systemen bereitgestellten Daten und Prozesse in die unterschiedlichen Dienste der Agentenplattform einzubetten. Dabei wird den einzelnen Unternehmen die Möglichkeit geboten, die Einsicht in die unternehmensrelevanten Daten für die anderen Beteiligten in der Supply Chain einzuschränken oder ganz zu verbieten. Die Kommunikation erfolgt durch Web-Services, was eine einfachere Kooperation untereinander zulässt. Diese heterogene und dezentrale Architektur soll vor allem den beteiligten Unternehmen eine schnelle Reaktion auf Veränderungen in der Supply Chain ermöglichen.

Die Rahmenarchitektur von CoS.MA ist in der Abbildung 3-13 im Anhang dargestellt. Diese besteht aus den drei Ebenen Benutzerschnittstelle, Agentenplattform und externe Applikationen, auf die als nächstes näher eingegangen wird.

Die wechselseitige Kommunikation mit dem System erfolgt über die Ebene der Benutzerschnittstelle. Die Informationseingabe kann entweder manuell durch den User, mittels mobiler Endgeräte oder dem Webbrowser erfolgen oder das Agentensystem bezieht die notwendigen Informationen, wie z.B. den Status einer Lieferung oder das Eintreten bestimmter Ereignisse, automatisch und pro-aktiv mittels Schnittstellen zu externen Applikationen. Gibt das System wiederum Informationen aus, so können diese auf den mobilen Endgeräten der Nutzer, z.B. auf dem PDA des LKW-Fahrers, oder anhand der Webbrowser abgerufen werden. Die unterschiedlichen Formate die an dieser Ebene ankommen, wie z.B. HTML, HTTP, XML,

VoiceXML oder SMS, werden durch einen User Agenten in ein für die nächste Ebene, die Agentenplattform, lesbares Format konvertiert und weitergeleitet.

Die Agentenplattform weist jedem zu kontrollierenden Objekt, welches ein einzelnes Produkt, ein Auftrag oder ein Fahrzeug sein kann, einen Monitoring-Agenten zu, anhand dessen diese entlang der Supply Chain pro-aktiv durch RFID überwacht werden können. Die Festlegung von kritischen Größen erlaubt es, bei Über- oder Unterschreiten dieser, automatisch durch den Monitoring-Agenten informiert zu werden. Mittels Risikoprofile, die durch historische Erfahrungswerte und Experteninterviews angelegt werden können, besteht die Möglichkeit, bestimmte Objekte mit einer hohen Anfälligkeit für Störungen frühzeitig als kritisch einzustufen. Mit dieser Einstufung kann eine gezieltere Kontrolle erfolgen und somit der Überwachungs- und Kontrollaufwand für das System verringert werden. Neben diesen Risikoprofilen gibt es auch noch Personenprofile, die den einzelnen Unternehmen bzw. Usern eine individuelle Anpassung der Benachrichtigungsfunktion gestatten. Diese befähigen unter anderem dazu, die einzelnen Parteien in dem Agenten-Netzwerk nur bei bestimmten Ereignissen zu benachrichtigen oder nur bestimmte Prozesse beim Eintritt eines Ereignisses anzustoßen. In dieser zweiten Ebene, dem Kern dieser Agententechnologie, werden verschiedene Dienste angeboten, die die Überwachung und Kontrolle der im Fokus stehenden Objekte in vielerlei Hinsicht unterstützen. So gibt es neben z.B. Kommunikations-, Verhandlungs-, Lokalisierungs- und Simulationsdiensten, auf die in dem Journalartikel im Detail jedoch nicht weiter eingegangen wird, auch ein Netzwerk-Dienst. Dieser Netzwerk-Dienst, welcher eine Art Gelbe-Seiten darstellt und Informationen über die im Netzwerk befindlichen Unternehmen und deren Agenten beinhaltet, dient der verbesserten und gezielteren Kommunikation mit diesen. Um diese einzelnen Dienste zur Verfügung zu stellen, werden anhand von Wrapper-Agenten Informationen von verschiedenen externen Systemen gesammelt. Hierzu gehören z.B. Tracking & Tracing-Systemen, ERP-Anwendungen und Datenbanken der im Netzwerk vorhandenen Unternehmen oder aber auch verschiedene Sensor- und RFID-Systeme. Neben den bereits erwähnten Monitoring- und Wrapper-Agenten machen zwei weitere Agenten, die Auftrags- und die Ressourcen-Agenten, diese Anwendung zu einem Multiagenten-System. Die Auftragsagenten versorgen die einzelnen Unternehmen mit Informationen über den Stand von Aufträgen und mit den Ressourcen-Agenten kann ein Unternehmen mit dem Ressourcen-Agenten eines anderen Unternehmens verhandeln. Alle Agenten im System sind befähigt zu lernen und erhalten nach jedem Aufruf eine Resonanz zu der von ihr getroffenen Entscheidung. Darüber hinaus kann das System Handlungsempfehlungen nach Störereignissen aussprechen und diese anhand einer Simulationsumgebung vor deren Weitergabe testen.

Zusammenfassend lassen sich die folgenden Vorteile der CoS.MA Architektur auflisten:

- Informationstransparenz: Echtzeit-Zugriff auf alle notwendigen Informationen aller Prozesse von allen Teilnehmern anhand von mobilen Endgeräten und der RFID-Technologie
- Bessere Qualität der Prozesse: Verbesserte Kundenbetreuung durch Informationstransparenz und Verwendbarkeit von mobilen Nutzern beim Kunden vor Ort
- Optimierung der Prozesse: Anhand der Lernfähigkeit der Agenten können Prozesse kontinuierlich verbessert werden
- Entlastung der Mitarbeiter: Übernahme von Aufgaben anhand der automatisierten Überwachung mittels Integration weiterer IT-Systeme wie z.B. Sensoren und RFID

Durch die Verwendung von Sensoren, RFID, mobilen Handgeräten und die Vernetzung aller Supply Chain Unternehmen, lassen sich durch dieses SCEM-System auf Störereignisse vor allem aus der Distributions-Perspektive eingehen und somit hier das Risiko mindern. Durch die Möglichkeit der flexiblen Gestaltung des Netzwerkes, die Erstellung von Risiko- und Personenprofilen und die Einbettung von externen Systemen stellt CoS.Ma ein Anwendungssystem dar, welches im dynamischen Umfeld des Supply Chain Managements gut einsetzbar ist.

3.3.4 Multiagenten SCEM-System mit automatischer Korrekturfunktion

Der folgende Artikel handelt von einem Agenten-basierten SCEM-System aus dem Jahre 2012. Der von den Autoren Bearzotti, Salomone und Chiotti in dem Journal International Journal of Production Economics vorgestellte Entwurf, setzt sich, so die Autoren, von anderen älteren Systemen durch die Möglichkeit der automatischen Korrekturfunktion des Systems beim Eintreten von Störereignissen zur Minderung des Schadens ab (Bearzotti, Salomone & Chiotti, 2012). Es wird seitens der Autoren verdeutlicht, dass Vorgänger-Systeme meistens nur eine Benachrichtigungsfunktion beinhalteten und keine automatischen Korrekturen ausübten.

Seinen Fokus hat das vorgestellte System auf den unternehmensinternen Produktions-Prozessen. Durch die Vernetzung mit den anderen Unternehmen in der Supply Chain, lassen sich vor allem auf Störereignisse die innerhalb des Unternehmens entstehen, jedoch aber Auswirkungen auf die nachgelagerten Unternehmen haben, in kürzester Zeit reagieren. Das vorgestellte System ist einerseits mit internen IT-Systemen und andererseits extern mit den

Anwendungen der anderen im Supply Chain befindlichen Unternehmen verknüpft. Hierbei handelt es sich zum einen um die Verknüpfung mit einem Planungs-System, das zur Erstellung von Ausführungsplänen verwendet wird, und zum anderen mit einem Ausführungs-System, welches für die Durchführung der Pläne zuständig ist. Die Abbildung 3-5 verdeutlicht die Verknüpfung dieser Systeme miteinander.

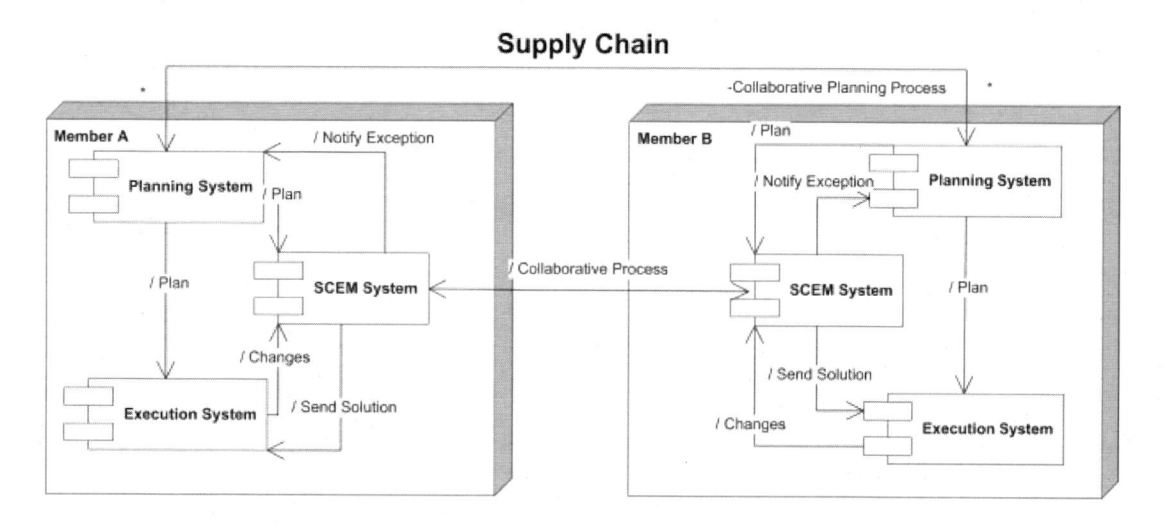

Quelle: Bearzotti, Salomone & Chiotti (2012), S. 470.

Abb. 3-5: Rahmenarchitektur des SCEM-Systems

Das Zusammenspiel der Systeme lässt sich wie folgt skizzieren. Zunächst einmal einigen sich alle Supply Chain Unternehmen mittels ihrer Planungs-Systeme und eines Planungsprozess auf einen für alle Teilnehmer umfassenden Supply Chain Plan. Unter Plan ist in diesem Zusammenhang eine Abfolge von Aufgaben zu verstehen, z.B. eine Transformation von Materialien an einer Maschine, hier Ressource genannt. Basierend auf diesem unternehmensübergreifenden Plan wird unternehmensintern ein detaillierterer Ausführungs-Plan für die Aufgaben des spezifischen Unternehmens generiert und an das jeweilige interne Ausführungs- und SCEM-System weitergeleitet. Während der Ausführung dieses Plans durch das Ausführungs-System überwacht das SCEM-System die bereitgestellten Informationen und gleicht sie mit dem definierten Plan ab. Wird eine Abweichung vom Plan entdeckt, so wird in einer internen Datenbank nach einer Lösung gesucht, um diese Störung zu beheben. Wird keine Lösungen zu dem aufgetauchten Störereignis intern gefunden, so kontaktiert das SCEM-System die SCEM-Systeme der in der Supply Chain befindlichen Unternehmen und erfragt einen Lösungsvorschlag. Wird eine Lösung gefunden, sei es nun intern oder mit externer Hilfe, so wird diese Information an das Ausführungs-System übergeben und durch diesen automatisch durchgeführt. Tritt der Fall auf, dass weder intern noch extern eine Lösung zu dem Störereignis vorliegt, so informiert das SCEM-System das Planungs-System und dieses wiederum erstellt einen neuen Ausführungsplan in der das Störereignis berücksichtigt wird.

Wie bereits erwähnt, handelt es sich auch bei diesem SCEM-System um ein Agenten-basiertes System, in diesem Fall ebenfalls um ein Multi-Agenten-System, in dem mehrere Agenten miteinander kommunizieren und kooperieren. Jeder Supply Chain Beteiligte verfügt über ein eigenes SCEM-System, welches intra- und inter-organisational mit anderen Systemen verknüpft ist. Im Folgenden wird auf die detaillierte Funktionsweise des Systems, siehe hierzu auch die Abbildung 3.6., und insbesondere der verschiedenen Agenten eingegangen, beginnend mit den Service-Agenten.

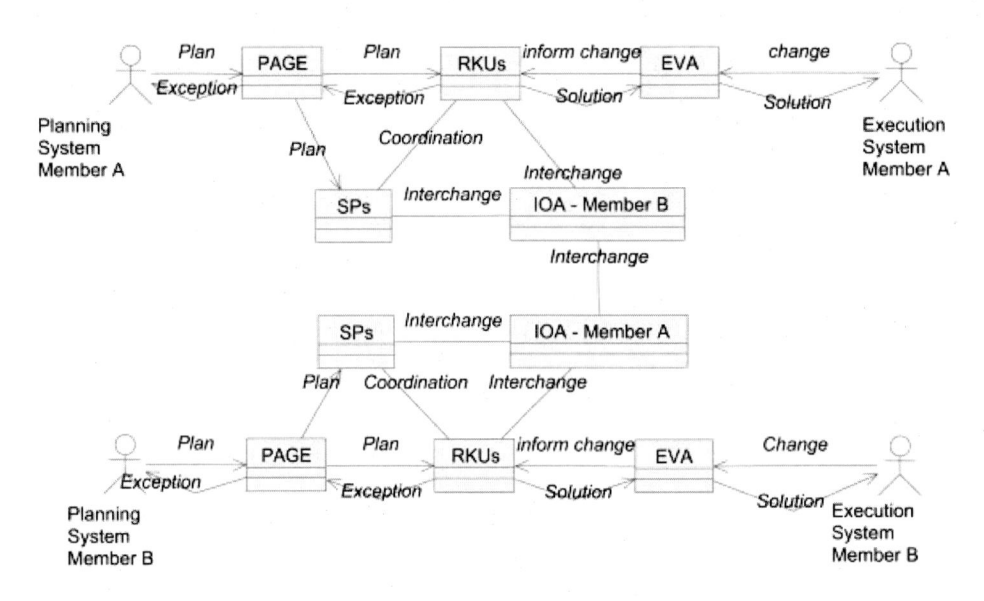

Quelle: Bearzotti, Salomone & Chiotti, (2012), S. 472.

Abb. 3-6: Die verschiedenen Agenten und deren Interaktion untereinander

PAGE (Planning AGEnt): Dieser Service-Agent hat eine Schnittstellenposition zum internen Planungs-System und empfängt von diesem zu Beginn den Ablaufplan, der überwacht werden soll. Basierend auf diesem Plan werden durch den PAGE die *Resource Keeping Unit*-Agenten (RKU-Agenten) und die *Supply Process*-Agenten (SP-Agenten) (Erläuterungen nachfolgend) angestoßen und der Plan an diese weitergeleitet. Der Begriff Ressource steht in diesem Zusammenhang als Synonym für eine Maschine. Darüber hinaus dient es dazu, den ursprünglichen Plan zu ändern, wenn durch das automatische Exception-Handling an den RKU-Agenten, keine Lösung für Störereignisse gefunden wurde.

EVA (EVent Agent): Auch dieser Service-Agent stellt eine interne Schnittstelle zu dem Ausführungs-System des Unternehmens dar. Der EVA erhält Informationen über die Durchführung des Auftrags vom Ausführungs-System, leitet diese Daten an den vorgelagerten RKU-Agenten weiter und erhält von diesem, wenn vorhanden, eine Lösung zu einer entstandenen Störung. Diese Lösung wird letztendlich zu dem Ausführungs-System weitergeleitet und der Ausführungsplan aktualisiert.

IOA (Inter Organizational Agent): Der letzte Service-Agent besitzt eine Schnittstelle zu externen SCEM-Systemen. Diese werden kontaktiert, wenn keine Lösung von Störungen intern vorhanden ist und Lösungsvorschläge von externen Unternehmen angefragt werden.

Die zwei anderen Agenten stellen die Haupt-Agenten dar, auf die im Folgenden näher eingegangen wird.

SP (Supply Process Agent): Einzelne Aufgaben von Ressourcen werden Supply Prozessen zugeordnet, da die Bearbeitung eines Plans meistens nicht nur eine Ressource einspannt, sondern mehrere. Die Überwachung dieser Prozesse übernehmen SP-Agenten, die jeweils nur einem Prozess zugeordnet sind. Der Nutzen dieser Agenten besteht darin, dass Störungen an einer Ressource die nachgelagerten Ressourcen in dem Prozess beeinflussen können, und aus diesem Grund dient dieser Agent der Koordination und Kommunikation dieser.

RKU (Resource Keeping Unit Agent): Diese Agenten sind jeweils mit einer Ressource verknüpft und sind für das Management, die an dieser Ressource eintretenden Ereignisse zuständig. Um seine Überwachungsfunktion wahrnehmen zu können, erhält es eine Reihe von Informationen von anderen Agenten. Die wichtigsten hier zu erwähnenden sind zum einen der definierte Plan und Informationen über die automatisch auszuführenden Entscheidungen bei eintretenden Störereignissen von PAGE. Informationen über den Status der Durchführung und ob die Ressource derzeit gebraucht wird oder ob es in den Schlafmodus geschaltet werden kann, wird von EVA übermittelt. Störereignisse lassen sich in diesem System in interne und externe aufteilen. Interne Störungen sind die, die an der Ressource selbst auftreten. Hierbei versucht der RKU eine Lösung für das Ereignis zu finden. Wird eine Lösung gefunden die, in Abstimmung mit den jeweiligen SP-Agenten, keine anderen Ressourcen oder Aufträge beeinflusst, so wird die Lösung anhand von EVA an das Execution-System weitergeben und die Lösung implementiert. Wird jedoch mindestens eine Ressource oder ein Auftrag behindert, so wird diese Information über PAGE an das Planungs-System weitergeleitet und der Plan angepasst. Externe Störungen entstehen nicht an der Ressource selber, sondern in dem zugeteilten Prozess und beeinflussen die Verwendung der Ressource. Es kann hierbei zu Verzögerungen der Verwendung einer internen Ressource basierend auf Störungen die bei Partnern entstanden sind, kommen. Bei diesem Störereignis kommt das IOA ins Spiel und es wird nach der Lösung des Problems bei externen Unternehmen durch diese Schnittstelle angefragt.

Im Kontext von SCRM ist das vorgestellte System z.B. bei Problemen in den Produktionsstätten der in der Supply Chain befindlichen Unternehmen von Nutzen. So kann zum Beispiel durch die Verknüpfung der SCEM-Systeme schnell auf Feuer oder Maschinenausfälle in den Produktionsprozessen, die sich über die Supply Chain erstrecken, eingegangen werden und die betroffenen Unternehmen können in kürzester Zeit Maßnahmen einleiten.

3.3.5 Weitere Technologien

In diesem Abschnitt werden auf weitere Journal-Beiträge eingegangen, die sich mit dem Einsatz von IT-Systemen und Technologien in Bezug auf SCRM indirekt oder nur oberflächlich beschäftigen. Vollständigkeitshalber werden diese in diesem Unterkapitel kurz erläutert.

Im Jahre 2003 erschien der Journalbeitrag *Ubiquitous Computing aus betriebswirtschaftlicher Sicht* im Journal Wirtschaftsinformatik, der sich mit der allgegenwärtigen Nutzbarkeit von Informationstechnologien in betriebswirtschaftlichen Prozessen beschäftigt (Fleisch & Dierkes, 2003). Diese Allgegenwärtigkeit der IT, die auch als *Ubiquitous Computing* oder *Pervasive Computing* bezeichnet wird, wird durch den Einsatz von mobiler Technologie, wie z.B. PDAs, Sensoren, Web-Services usw. und der Vernetzung durch das Internet ermöglicht. Als besonderes Merkmal wurde in diesem Beitrag das automatische Zusammenspiel der IT mit der physischen Welt erwähnt. Die Autoren heben hervor, dass nach der Integration von Anwendungssystem untereinander, wie z.B. E-Business-Systeme mit Datenbanken, Ubiquitous Computing die nächste Stufe der Integration von IT-Systemen in betriebliche Prozesse darstellt. Auch wenn aus heutiger Sicht die Verknüpfung des realen betrieblichen Umfeldes mit den internen Anwendungssystemen Standard geworden ist, war der Einsatz von mobilen Technologien und die Verknüpfung dieser mit den hauseigenen Systemen in dieser Zeit ein Meilenstein. Im Kontext des Nutzens für das SCRM, heben die Autoren hervor, dass z.B. Lebensmittel-Transporte anhand von Temperatur-Sensoren automatisch kontrolliert und Auffälligkeiten an das Unternehmen übermittelt werden können. Die Autoren gehen im Journal-Beitrag noch einen Schritt weiter und diskutieren die automatische Umsetzung von

Handlungsempfehlungen durch das System und den Einsatz eines „*[...] überbetrieblichen Beschaffungs- und Prognosesystem, das den Einzelhändler mit seinen Lieferanten verbindet*".

In dem Journalbeitrag *Minimizing logistic risk through real-time vehicle routing and mobile technologies: Research to date and future trends* aus dem Jahre 2004 wird ein mobiles Echtzeit-Entscheidungsunterstützungssystem für ein Fuhrpark in städtischen Gebieten vorgestellt (Giaglis, Minis, Tatarakis & Zeimpekis, 2004). Der Zweck dieses System ist es, Supply Chain Ausführungs-Systeme zu unterstützen und das Risiko in der Logistik zu reduzieren. Zu den Störereignissen, die in dem Artikel behandelt werden, lassen sich unter anderem der Ausfall von LKWs oder Verkehrsbehinderungen zählen. Es wird hervorgehoben, dass so gut die Fahrten des Fuhrparks a priori ausgearbeitet werden, immer Ereignisse die die Durchführung behindern können, auftreten können und somit eine zeitnahe Anpassung der Fuhrpläne von enormer Bedeutung sei. Das von Giaglis, Minis, Tatarakis und Zeimpekis vorgestellte System macht aus diesem Grund von mobilen Technologien Gebrauch, mittels derer die LKW-Fahrer und die Zentrale kommunizieren und kooperieren können. Das ganze System ist in drei Teilbereiche aufgeteilt, das Front-End-System im Fahrzeug, das Kommunikations-Sub-System und das Back-End-System in der Zentrale. Das Front-End-System lässt sich durch mobile Endgeräte wie z.B. mobile Telefone, PDAs und Table-PCs realisieren. Wobei das letztere in Sachen Funktionalität und in Bezug auf die Möglichkeit der Darstellung von digitalen Karten, der Verknüpfung mit einem ERP-System und der Unterstützung von Peripherie-Geräten, wie z.B. Barcode-Scanner, am sinnvollsten ist. Das Kommunikations-Sub-System besteht aus zwei Bestandteilen, zum einen aus einem Positionierungssystem, welches zur Nachverfolgung der Fahrzeuge notwendig ist und zum anderen aus einer terrestrischen Kommunikations-Infrastruktur zur Verbindung des Front-End-Systems mit dem Back-End-System. Das Back-End-System stellt ein DSS-System dar, welches Algorithmen zum Routing, zur Terminplanung und zur Überwachung beinhaltet. Darüber hinaus stellt es zur weiteren Unterstützung eine Schnittstelle zu ERP-Systemen dar. Eine Abbildung des Systems ist in der Abbildung 3-14 im Anhang dargestellt. Mittels dieses Systems lassen sich in Echtzeit und kurzer Reaktionszeit auf Störereignisse eingehen und die Pläne für die LKW-Fahrer ändern.

Der folgende Artikel handelt von einem System zur Minderung des Risikos des Diebstahls von Container an größeren Container-Häfen (Tsai, 2006). Da bei größeren Lieferketten, Produkte von Übersee an Umschlagplätzen umgeladen, die Container zum weiteren Transport vorbereitet und an andere Orte im Hafen weitergeleitet werden, kommt es nicht selten vor, dass die Container während der Umpositionierung das Ziel von Diebstählen werden. Aus diesem Grund soll das hier vorgestellte System das Risiko des Diebstahls der Container während des Aufenthalts am Umschlagsplatz mindern. Wie im Artikel zuvor, stehen auch hierbei die LKWs im Mittelpunkt der Betrachtung. Das System stellt eine Erweiterung eines im öffentlichen Transportwesen verwendeten Tracking & Tracing-Systems dar. Dieses sieht vor, dass die Position von Bussen, Taxis und LKWs im Straßenverkehr anhand von integrierten GPS-Receivern und der Datenübertragung via GPRS über den Internet Provider an die Überwachungszentrale und mittels Geoinformationssysteme (GIS) ermittelt und analysiert werden kann. Laut dem Autor, reicht die alleinige Positionierung der LKWs an den Häfen nicht aus um den Diebstahl der Güter in den Containern zu verhindern. Aus diesem Grund wurde dieses System durch weitere Anwendungen und Geräte ergänzt, um den Nutzen für den Container-Transport am Hafen gerecht zu werden. Zu diesen gehört ein Benachrichtigungs-Summer im Kontrollzentrum, um die Reaktionszeit der Mitarbeiter zu verringern, ein Sensor an den LKWs die die Trennung der Container von den LKWs melden, ein Sensor an den Türen der Container, eine Sicherheitseinrichtung für die On-Board Computer, ein Überwachungssystem für die Fahrerkabine, ein digitaler Fahrtenschreiber, eine Koppelnavigation und ein verbessertes GIS im Kontrollzentrum. Die Rahmen-Architektur der IT-Infrastruktur ist in der Abbildung 3-15 im Anhang dargestellt. Der Autor stellt heraus, dass eine Fallstudie ergeben hat, dass der Einsatz aller Verbesserungsvorschläge das Risiko eines Diebstahls der Container um 67% verringern hat.

3.3.6 Zusammenfassung der IT-Unterstützung im SCRM

Anhand der in den letzten Kapiteln vorgestellten IT-Systeme aus den letzten zehn Jahren lässt sich eine Entwicklung erkennen, auf die hier zusammenfassend eingegangen wird.

Die vorgestellten vier Systeme stellen allesamt Supply Chain Event Management-Systeme dar, die sich mit eintretenden Ereignissen in den Unternehmens-Prozessen beschäftigen. Deren Mehrwert für das Supply Chain Risikomanagement und die Möglichkeit des Zusammenspiels mit SCRM-Systemen wurde im Kapitel 2.3.1 deutlich gemacht.

Werden diese vier SCEM-Systeme einer übergreifenden und zeitlichen Betrachtung unterzogen, so lassen sich technische Fortschritte in den bereitgestellten Funktionalitäten dieser Systeme erkennen. Diese Entwicklung unterstreicht auch die im Kapitel 2.3.2 dargestellte Klassifikation von SCEM-Systemen in die vier Evolutionsstufen.

Liegt bei dem PAMAS-System im Jahre 2003 der alleinige Fokus auf der Benachrichtigung der involvierten Supply Chain Teilnehmer, so konnten die beiden nächsten Systeme, FORWIN und CoS.MA, Rückschlüsse aus den eingetretenen Ereignissen ziehen und ein Lernen des jeweiligen Systems konnte stattfinden. Darüber hinaus konnten beide Systeme Handlungsempfehlungen aussprechen und bei CoS.MA bestand sogar, vor Weitergabe dieser Empfehlung, die Möglichkeit einer Simulation. Aus diesem Grund stellen beide Systeme die dritte Stufe dar, also der zusätzlichen Bereitstellung von Decision-Support Funktionalitäten. Das von Bearzotti, Salomone und Chiotti im Jahre 2012 entwickelte System, stellt im Zusammenhang mit den Entwicklungsstufen, die letzte Stufe dar, da es über eine automatisierte Korrekturfunktion, die durch Agenten bei Störungen in der Produktion ausgeführt werden können, verfügt.

Neben der Entwicklung bei den angebotenen Funktionalitäten gab es auch bei der technischen Infrastruktur, die bei den einzelnen Systemen Verwendung fand, eine Entwicklung. Wird das Framework von Katsma, Moonen und Hillegersberg (2011) zur Entwicklung von SCM-Anwendungen zur Rate gezogen, lassen sich die vorgestellten Systeme anhand des vermehrten Einsatzes von Web Services und in diesem Kontext von serviceorientierter Architektur (SOA) und externen Internetanwendungen, in die dritte Stufe einordnen, siehe hierzu die Tabelle 3-1:

Level	ERP	ERP 2.0	SOA/SAAS	Internet-of-Things
Business	Singular Process optimization (focus within the business functions)	Optimization of the entire processes, with sub-optimization in the nodes (functions)	Dynamic optimization of entire supply chains	Agile & Networked optimization
Application	Integration of functional information systems	Extension of original ERP concept with bolt-ons (SCM, CRM and advanced planning)	Dynamic Integration between the various services & systems (MDA, BPEL).	Integration and application functionality is event driven and orchestrated by agents
Information	Emphasis on Transaction based data, efficiency and cost in data use	Integration and semantics between process nodes	Full Interoperability between various systems or services	Semantic web
Technical infrastructure	All IS internally (COTS)	Externally hosted systems (ASP)	Externally hosted services (SOA enabled SAAS)	Cloud Services & Mash-Ups, SAN

Quelle: Katsma, Moonen & Hillegersberg (2011), S. 480.

Tab. 3-1:   **Entwicklung von SCM-Anwendungen**

Die in der Tabelle 3-1 dargestellte Entwicklung stellt dar, dass der nächste Schritt in der Evolution der technischen Infrastruktur von Informationssystemen unter anderem in Cloud Services liegt. Dies wird zum Anlass genommen, um den Einsatz von Cloud Computing im Kontext von Supply Chain Management und im spezifischeren seinen Mehrwert für das Risikomanagement in Lieferketten im nächsten Kapitel zu untersuchen.

4. Cloud Computing – Die Zukunft des SCRM?

Durch die in den vorherigen Kapiteln durchgeführte Literaturanalyse wurde die Entwicklung der letzten zehn Jahre und der Status-Quo des Einsatzes von Technologien im Rahmen von Supply Chain Risikomanagement ersichtlich. Im nachfolgenden Abschnitt soll nun eine Aussicht auf neue Innovationen und Trends im Einsatz von IT-Systemen in SCM und spezifischer im SCRM vorgestellt werden.

Der wohl derzeit am meisten hochgejubelte Trend in der IT-Welt ist die des Cloud Computings (Aviles, Rutner & Dick, 2012), was, wie bereits erwähnt, nach Katsma, Moonen und Hillegersberg (2011) auch den neuesten Evolutionsschritt im Bereich des Einsatzes von Informationstechnologien im SCM darstellt. Aus diesem Grund soll in diesem Kapitel die Verwendung von Cloud Computing im Supply Chain Management oder spezifischer im Supply Chain Risikomanagement analysiert werden.

Anhand der bereits getätigten Literaturrecherche zum Status-Quo des Einsatzes von IT in SCRM wurden keine Artikel gefunden, die explizit auf die Verwendung von Cloud Computing eingehen, was noch an dem jungen Alter dieser Technologie liegen könnte. Deshalb wurde eine zweite breiter gefächerte Analyse der vorhandenen Datenbanken durchgeführt, wobei keine Beschränkung auf bestimmte Journale vorgenommen und auch die Zeitbeschränkung vernachlässigt wurde.

Zunächst einmal wird das Konzept der Cloud Computing-Technologie vorgestellt und anschließend auf dessen Mehrwert für Unternehmen in Lieferketten eingegangen. Im dritten Abschnitt erfolgt dann die mögliche Verwendung von Cloud Computing in Kombination mit der RFID-Technologie für das Supply Chain Risikomanagement.

4.1 Das Konzept Cloud Computing

Um ein einheitliches Verständnis dieses neuen Trends zu bekommen, wird die von Peter Mell und Timothy Grance vom amerikanischen *National Institute of Standards and Technology* (NIST) erstellte Definition von Cloud Computing verwendet (Mell & Grance, 2011):

Unter Cloud Computing wird ein allgegenwärtiger und bequemer on-demand Netzwerk-Zugriff auf einen Pool von konfigurierbaren IT-Ressourcen verstanden, die mit wenig Aufwand und ohne notwendige Interaktion mit dem Anbieter dieser Ressourcen, verwendet werden kann.

Dabei können die beziehbaren IT-Ressourcen unterschiedliche Distributionsmodelle haben, die von Mell und Grance als folgende identifiziert worden sind (Mell & Grance, 2011):

- *Software as a Service* (SaaS): Hierbei werden Anwendungen und die hierfür benötigte Infrastruktur bei einem IT-Dienstleister betrieben und die Anwendung als Service dem Kunden angeboten.
- *Platform as a Service* (PaaS): In diesem Fall wird eine Computer-Plattform zur Entwicklung von Anwendungen dem Kunden zur Benutzung angeboten.
- *Infrastructure as a Service* (IaaS): Hierbei steht die Infrastruktur im Vordergrund des Angebots. Zu der Infrastruktur können neben Speicherplatz, Prozessoren auch ganze Netzwerk-Technologien gehören.

Neben den unterschiedlichen Angeboten gibt es auch verschiedene Arten der Organisationsformen der Clouds (Mell & Grance, 2011):

- *Private Cloud*: Hierbei steht ein einziges Unternehmen im Vordergrund und die bereitgestellten Anwendungen, Plattformen oder Infrastruktur wird auch nur von den in dem Unternehmen befindlichen Abteilungen oder Nutzern verwendet.
- *Community Cloud*: Diese Art der Cloud ist exklusiv für eine bestimmte Gruppe von Nutzern in einem Unternehmensnetzwerk mit einem gemeinsamen Ziel konzipiert.
- *Pulic Cloud*: Hierbei handelt es sich um eine öffentliche Cloud, die von einer Organisation, einer Forschungseinrichtung oder von staatlichen Einrichtungen betrieben und das Angebot der Öffentlichkeit bereitgestellt wird.
- *Hybrid Cloud*: Diese Art von Cloud stellt ein Verbund von mehreren der drei definierten Organisationsformen dar.

Im Zusammenhang mit Lieferketten steht hierbei die Community Cloud oder bei der Teilnahme an mehreren Supply Chains, die Hybrid Cloud im Vordergrund.

4.2 Der Einsatz von Cloud Computing in der Supply Chain

Obwohl Cloud Computing seine Anfänge erst Ende 2007 hat (Li, Wang & Chen, 2011; Schrödl & Turowski, 2011), wurde sein Einsatz im Supply Chain Management bereits intensiv untersucht und von einigen Forschern bereits als einer der wichtigsten Technologien unserer Zeit (Li, Xu, Wang & Wang, 2012) und als ein wichtiger Schritt in der Evolution von Informationstechnologien im Supply Chain Management bezeichnet (Katsma, Moonen & van

Hillegersberg, 2011; Durowoju, Chan & Wang, 2011, Sepehri, 2012). Auch verschiedene Marktforschungs- und Analyse-Unternehmen, wie z.B. Pike Research oder Gartner Inc., sehen Cloud Computing als einen wichtigen Meilenstein im Einsatz von IT in Unternehmen. So wird nach den Analysten von Gartner Inc. bereits 2012 ein Drittel aller Ausgaben für Software auf dem Distributionsmodell SaaS basieren und die Analysten von Pike Research erwarten einen Anstieg des Umsatzes von Cloud Computing von 46 Mrd. Dollar im Jahre 2009 auf 210,3 Mrd. Dollar im Jahre 2015 (Demirkan & Delen, 2012).

Im Zusammenhang mit Supply Chain Management werden verschiedene Anwendungssysteme in denen Cloud Computing zum Einsatz kommen kann, hervorgehoben, wie z.B. Warehouse Management Systeme, Transportation Management Systeme und ERP-Systeme. Zu den bereitgestellten Funktionalitäten in diesen Systemen gehören unter anderem der Einsatz einer globalen und konsistenten Plattform, die Bereitstellung von gemeinsam genutzten Daten in Echtzeit, schnellere Entscheidungsunterstützung, verbesserter Kundenservice und bessere Automatisierungsmöglichkeiten (Aviles, Rutner & Dick, 2012).

Zu den Vorteilen des Einsatzes von Cloud Computing in Unternehmen gehört vor allem der Aspekt der Kosten. Die Autoren stellen heraus, dass durch den Einsatz von Cloud Computing Investitionen in Hardware und Software eingespart werden können. Dies ist vor allem für KMU von großer Bedeutung, da durch diese Einsparungen Eintrittsbarrieren gesenkt, die Wettbewerbsfähigkeit gesteigert und der Zugriff auf IT-Ressourcen gewährleistet werden kann, die vorher in der Anschaffung zu teuer waren (Demirkan & Delen, 2012; Li, Xu, Wang & Wang, 2012; Li, Wang & Chen, 2011; Durowoju, Chan & Wang, 2011). Darüber hinaus lässt sich in Industrien, in denen die Klimabilanz und die Kosten für diese eine wichtige Rolle spielt, zusätzliches Geld einsparen, da auf größere energieverbrauchende IT-Infrastruktur verzichtet und somit die Ausgaben für Klimazertifikate gesenkt werden kann (Cheng, Yang, Akella & Tang, 2011). Es werden auch weniger oder sogar keine IT-Fachleute benötigt, was auch zu Einsparungen führt, da die Verantwortung für die Bereitstellung und Wartung der IT-Ressourcen auf Seiten der Anbieter liegt und das Unternehmen sich auf seine Kernprozesse konzentrieren kann (Li, Xu, Wang & Wang, 2012; Li, Wang & Chen, 2011). Ein weiterer wichtiger Punkt ist die Möglichkeit der Skalierbarkeit der notwendigen IT-Anwendungen. So können nach dem Prinzip „Pay-for-use" (Li, Wang & Chen, 2011) der erforderliche IT-Einsatz jederzeit nach oben oder unten, je nach Auftragslage des Unternehmens, angepasst und genutzte Anwendungen abgerechnet werden (Li, Xu, Wang & Wang, 2012; Durowoju, Chan & Wang, 2011). Diese Justierbarkeit der Verwendung der IT-Ressourcen bringt auch den Vorteil der Flexibilität, was vor allem im Zusammenhang mit Supply Chain Management ein wichtiger Punkt ist, da sich die Unternehmen in der Lieferkette im Laufe der Geschäftstätigkeit ändern und ein Unternehmen in mehreren Supply Chains tätig sein kann (Li, Xu, Wang & Wang, 2012; Li, Wang & Chen, 2011). Ein weiterer Vorteil ist die Mobilität, die durch den Einsatz von Cloud Computing gegeben ist. Dies ist vor allem durch den Zugriff mittels mobiler Endgeräte via Internet von überall gewährleistet (Owunwanne & Goel, 2010). Wie bereits erwähnt, erfordern Lieferketten einen hohen Grad der Kommunikation und Kollaboration zwischen den Unternehmen und für manche Autoren stellen diese beiden Aspekte sogar den kritischen Erfolgsfaktor dar, von der die Zusammenarbeit und somit der Erfolg der Supply Chain abhängt (Sepehri, 2012). In diesem Zusammenhang wird Cloud Computing eine wichtige Rolle zugesprochen, um in einer globalen Supply Chain effizient zusammenzuarbeiten und auf dem Markt wettbewerbsfähig zu bleiben (Li, Xu, Wang & Wang, 2012). Darüber hinaus wird betont, dass neben einer Unterstützung der Kollaboration von mehreren Unternehmen, eine einfache Industrie-übergreifende Zusammenarbeit ein wichtiger Aspekt für die Verwendung vom Cloud Computing ist (Li, Wang & Chen, 2011).

Zu den Nachteilen des Einsatzes von Cloud Computing in Lieferketten werden überwiegend Sicherheits- und Datenschutzbedenken seitens der Unternehmen geäußert (Li, Xu, Wang & Wang, 2012; Li, Wang & Chen, 2011; Durowoju, Chan & Wang, 2011). Viele Unternehmer scheuen sich davor, interne Daten einem externen Dienstleister anzuvertrauen (Li, Xu, Wang & Wang, 2012). Darüber hinaus wird erwähnt, dass es für Unternehmen schwierig ist, wenn z.B. die Leistungen des Dienstleisters nicht zufriedenstellend sind oder dieser insolvent geht, die in der Cloud verwendeten Leistungen bzw. Daten von einem Anbieter zu einem anderen zu transferieren oder wieder in die eigene IT-Infrastruktur und Prozesse zu integrieren (Cheng, Yang, Akella & Tang, 2011). Zuverlässigkeit und Verfügbarkeit der Dienstleistungen sind für viele Unternehmen in der heutigen schnelllebigen Unternehmenswelt unverzichtbar. So kam es in den Anfängen des Cloud Computing zu einigen Ausfällen bei Anbietern von Cloud Computing, wie z.B. bei Salesforce.com und Amazon im Jahre 2008 (Cheng, Yang, Akella & Tang, 2011), die eine Verwendung dieser neuen Technologie in Frage stellen könnte. Seitens der Nutzer muss natürlich auch eine robuste und schnelle Datenverbindung gewährleistet sein, um die Leistungen auch ohne Probleme zu nutzen, was jedoch nicht immer und überall gewährleistet werden kann (Li, Wang & Chen, 2011; Cheng, Yang, Akella & Tang, 2011).

4.3 Der Beitrag von Cloud Computing für das Supply Chain Risikomanagement

Ein Beitrag zum Supply Chain Risikomanagement kann durch Cloud Computing anhand des integrativen Einsatzes mit anderen Technologien, wie zum Beispiel RFID, erfolgen. Im Zusammenhang mit RFID lässt sich der Nutzen dieser Technologie für das Supply Chain Risikomanagement mit den Vorteilen des Cloud Computings kombinieren. So wird in dem Journalbeitrag mit dem Titel *A Review on Agri-food Supply Chain Traceability by Means of RFID Technology* (Costa, Antonucci, Pallottino, Aguzzi, Sarriá, & Menesatti, 2012) ein RFID-Anwendungssystem zur Verbesserung des Informationsflusses und der Sicherheit von Lebensmittel-Transporten in Lieferketten aus dem Nahrungsmittel-Sektor vorgestellt. So könnten zum Beispiel im Zusammenhang mit Cloud Computing die eingelesen Transponder-Daten in die Cloud hochgeladen und diese weltweit über Web-Applikationen als Dienste angeboten werden. Anhand dieser Integration von RFID in die Cloud ergeben sich Möglichkeiten zur schnellen Reaktion auf Störereignisse in der Lieferkette. So könnten Lebensmittel, die durch mutwillige Sabotagen in der Produktion oder aber durch natürlichen Seuchenbefall aus dem Markt genommen werden müssen, schnell und von überall per mobilen Zugriff zurückverfolgt und somit entfernt werden. Des Weiteren besteht die Möglichkeit, verschiedene Arten von Sensoren in die RFID-Reader zu integrieren, anhand dessen z.B. Temperaturen oder die Feuchtigkeit gemessen werden können. Diese sind für die Lebensmittel-Lieferketten von großer Bedeutung, da somit bei der Überschreitung von gesetzlich festgeschriebenen Grenzen automatisch Alarm geschlagen werden kann. Neben dem Lebensmittelsektor können RFID-Tags auch auf jeder anderen Verpackung oder direkt auf den Produkten selber angebracht und der Umlauf dieser in der Supply Chain nachverfolgt, schnell auf Diebstähle und andere Ereignisse reagiert und entsprechende Maßnahmen automatisiert eingeleitet werden (Teuteberg, 2005).

Die Autoren Owunwanne und Goel (2010) verweisen in diesem Zusammenhang auch auf den Vorteil, den der Einsatz von RFID in der Cloud im Vergleich zum Einsatz in klassischen In-house-Lösungen bietet. Zum einen stellen sie die hohen Kosten bei der Aufsetzung von RFID-Systemen in die bestehende IT-Infrastruktur in den Vordergrund. Dies ist vor allem bei KMU ein mögliches Hindernis, wenn, wie 2003 geschehen, größere Abnehmer, wie zum Beispiel das Handelsunternehmen Walmart, die Benutzung von RFID-Tags auf den Produkten voraussetzen. Um diese größeren Kunden, von denen das Überleben eines Unternehmens abhängen kann, nicht zu verlieren, lässt es sich nicht vermeiden, die von diesen diktierten Technologien zu verwenden, was zu erheblichen Investitionskosten führen kann (Owunwanne

& Goel, 2010). Der zweite Grund der für die Nutzung von RFID mittels Cloud Computing spricht, ist die der entstehenden Datenmengen. Die Datenmengen können das Hundertfache im Vergleich zu herkömmlichen Barcodes ausmachen, so Owunwanne und Goel (2010), und somit wären auch hier Investitionen in größere Datenserver erforderlich.

Weitere Vorteile die für die Verwendung der RFID-Technologie mittels Cloud Computing sprechen, wären die Reduzierung der Kosten für industrielle Monitoring-Technologien und die Optimierung der internen und externen Unternehmens-Logistik (Costa, Antonucci, Pallottino, Aguzzi, Sarriá, & Menesatti, 2012).

5. Fazit und Ausblick

Das Ziel dieser Studie war es, eine Übersicht über die IT-Unterstützung von Supply Chain Risikomanagement anhand einer Literaturanalyse zu schaffen.

Zunächst wurden im zweiten Kapitel die wichtigen Konzepte Supply Chain Management, Risiko und Supply Chain Risikomanagement vorgestellt. Eine Darstellung des allgemeinen und spezifischen Risikomanagement-Frameworks waren genauso Inhalt, wie auch einige Beispiele von Katastrophen im Zusammenhang mit Lieferketten. Diese wurden erwähnt, um das Ausmaß dieser auf die Unternehmen und die Bedeutung der näheren Auseinandersetzung mit der Thematik, zu verdeutlichen. Während der Bearbeitung dieses Kapitels wurde ersichtlich, dass in der Forschung keine einheitlichen Definitionen weder des Supply Chain Risikomanagement Konzeptes noch von der Klassifizierung von Risiken vorherrschen. Auch das Risikomanagement-Framework wurde von den Forschern in unterschiedliche Phasen eingeteilt. Diese fehlende Standardisierung muss nicht unbedingt als Nachteil aufgefasst werden, sondern kann dazu verwendet werden, die Risikoklassifizierung oder die einzelnen Phasen des Frameworks, den individuellen Gegebenheiten der in den Unternehmen vorherrschenden Supply Chains anzupassen.

Das dritte Kapitel beschäftigte sich anschließend mit den Ergebnissen der Literaturanalyse. Hierbei wurde ersichtlich, dass die IT-Unterstützung dieser Disziplin nicht das Hauptaugenmerk der Forscher ist, da nur sieben der insgesamt 52 Artikel sich hiermit beschäftigten und auch die Tatsache, dass bei insgesamt 58 durchsuchten Journalen, lediglich nur 52 Artikel sich überhaupt mit dem Thema Risikomanagement in Lieferketten auseinandersetzten, war im Nachhinein auch sehr verwunderlich. Die sieben vorgestellten Artikel stellten dar, welche IT-Systeme und Technologien sich vordergründig in diesen Systemen vorfinden. Zu diesen gehören vor allem die Agenten-Technologie, die RFID-Unterstützung und die Nutzung von Web-Services bzw. serviceorientierter Architektur. Es wurde deutlich, je aktueller die vorgestellten vier SCEM-Systeme waren, desto mehr Funktionalitäten und ausgereifter war die Technik dahinter. Dies führte zu einer Entwicklung von einfachen Benachrichtigungs-Systemen zu integrierten automatischen Korrekturmöglichkeiten.

Im letzten Kapitel wurde dann der Einsatz von Cloud Computing im SCRM vorgestellt. Obwohl keine Literatur gefunden wurde, die sich explizit mit Cloud Computing und Risikomanagement auseinandersetzt, konnte der Einsatz dieser neuen Innovation anhand des Zusammenspiels mit der bereits im SCRM etablierten RFID-Technologie, dargestellt werden.

Neben diesen vorgestellten Ergebnissen, gibt es natürlich noch weitere Fragen und Punkte im Zusammenhang mit der IT-Unterstützung von Supply Chain Risikomanagement. Hierbei sollte vor allem die Entwicklung des Cloud Computing-Einsatzes näher betrachtet und die Entwicklung verfolgt werden. Des Weiteren sollte untersucht werden, ob Risikomanagement-Systeme die nicht unbedingt Lieferketten als Fokus haben, auch auf Supply Chains und der Kommunikation und Kollaboration von Unternehmen in diesen, übertragen werden können. Hierzu lässt sich unter anderem das im Jahre 2004 ins Leben gerufene Projekt ORCHESTRA - *Open Architecture and Spatial Data Infrastructure for Risk Management* näher betrachten. Es handelt über die Entwicklung eines Risikomanagements-Systems zur Unterstützung bei Natur- und von Menschen ausgelösten Katastrophen durch die Vernetzung der IT-Systeme verschiedener Organisationen und Unternehmen. Es wird unter anderem durch die EU-Kommission im Rahmen des Programms *Improving Risk Management* finanziert und bringt eine Reihe von europaweiten Unternehmen, Forschungsinstituten und Hochschulen in einem Konsortium zusammen (ORCHESTRA Consortium, 2012).

Literaturverzeichnis

Amaral, L. A., Hessel, F. P., Bezerra, E. A., Corrêa, J. C., Longhi, O. B., & Dias, T. F. (2009). An adaptive Framework Architecture for RFID Applications. In Proceedings of the 33rd Annual IEEE Software Engineering Workshop (SEW) 2009, 15-24.

Aviles M. E., Rutner P. & Dick G. (2012). Logistics Management: Opportunities in the Cloud. In Proceedings of the Southern Association of Information Systems (SAIS) Conference 2012, Paper 3.

Bayrak Meydanoglu E. S. (2009). The Role of Supply Chain Event Management Systems for Supply Chain Risk Management. In Proceedings of the European and Mediterranean Conference on Information Systems (EMCIS) 2009, 1-7.

Bearzotti L. A., Salomone E. & Chiotti O. J. (2012). An autonomous Multi-Agent Approach to Supply Chain Event Management. International Journal of Production Economics, 135, 468-478.

Behdad M., Kumara S., Li H. & Xu S. H. (2011). A single-period Analysis of a two-echelon Inventory System with dependent Supply Uncertainty. Transportation Research Part B, 45, 1128-1151.

Behdani B., Adhitya A., Lukszo Z. & Srinivasan R. (2012). How to handle Disruptions in Supply Chains – An integrated Framework and a Review of Literature. Abgerufen von www.ssrn.com/abstract=2114201 (Abgerufen am 12.07.2012).

Blackhurst J. V., Scheibe K. P. & Johnson D. J. (2008). Supplier Risk Assessment and Monitoring for the Automotive Industry. International Journal of Physical Distribution & Logistics Management, 38 (2), 143-165.

Bode C. & Wagner S. M. (2008). An Empirical Examination of Supply Chain Performance along several Dimensions of Risk. Journal of Business Logistics, 29 (1), 307-325.

Bodendorf F. & Zimmermann R. (2005). Proactive Supply-Chain Event Management with Agent Technology. International Journal of Electronic Commerce, 9 (4), 57-89.

Caridi M., Cigolini R. & De Marco D. (2005). Improving Supply-Chain Collaboration by linking intelligent Agents to CPFR. International Journal of Production Research, 43 (20), 4191-4218.

Cauvin A. C. A., Ferrarini A. F. A. & Tranvouez E. T. E. (2009). Disruption Management in distributed Enterprises: A Multi-Agent Modeling and Simulation of cooperative Recovery Behaviors. International Journal of Production Economics, 122 (1), 429-439.

Chang H. H. (2006). Technical and Management Perceptions of Enterprise Information System Importance, Implementation and Benefits. Information Systems Journal, 16 (3), 263-292.

Cheng F., Yang S. L., Akella R. & Tang X. T. (2011). A Meta-Modeling Service Paradigm for Cloud Computing and its Implementation. South African Journal of Industrial Engineering, 22 (2), 151-160.

Chopra S. & Sodhi M. S. (2004). Managing Risk to avoid Supply-Chain Breakdown. MIT Sloan Management Review, 46 (1), 53-61.

Corsten H. & Gössinger R. (2001). Einführung in das Supply-Chain-Management. München, Deutschland: Oldenbourg.

Costa, C., Antonucci, F., Pallottino, F., Aguzzi, J., Sarriá, D. & Menesatti, P. (2012). A Review on Agri-food Supply Chain Traceability by means of RFID Technology. Food and Bioprocess Technology, September 2012, 1-14.

Datta S., Granger C. W. J., Barari M. & Gibbs T. (2007). Management of Supply Chain: An alternative Modeling Technique for Forecasting. Journal of the Operational Research Society, 58, 1459-1469.

Demirkan H. & Delen D. (2012). Leveraging the Capabilities of service-oriented Decision Support Systems: Putting Analytics and Big Data in Cloud. Decision Support Systems, Abgerufen von www.sciencedirect.com/science/article/pii/S0167923612001595 (Abgerufen am 13.07.2012).

Diabat A., Govindan K. & Panicker V. V. (2012). Supply Chain Risk Management and its Mitigation in a Food Industry. International Journal of Production Research, 50 (11), 3039-3050.

Durowoju O. A., Chan H. K. & Wang X. (2011). The Impact of Security and Scalability of Cloud Service on Supply Chain Performance. Journal of Electronic Commerce Research, 12 (4), 243-256.

Fleisch E. & Dierkes M. (2003). Ubiquitous Computing aus betriebswirtschaftlicher Sicht. Wirtschaftsinformatik, 45 (6), 611-620.

French S., Maule A. J. & Mythen G. (2005). Soft Modeling in Risk Communication and Management: Examples in Handling Food Risk. Journal of the Operational Research Society, 56 (8), 879-888.

Giaglis G. M., Minis I., Tatarakis A. & Zeimpekis V. (2004). Minimizing Logistics Risk through Real-Time Vehicle Routing and Mobile Technologies: Research to Date and Future Trends. International Journal of Physical Distribution & Logistics Management, 34 (9), 749-764.

Giunipero L. C. & Eltantawy R. A. (2004). Securing the Upstream Supply Chain: A Risk Management Approach. International Journal of Physical Distribution & Logistics Management, 34 (9), 698-713.

Goh M., Lim J. Y. S. & Meng F. (2007). A stochastic Model for Risk Management in Global Supply Chain Networks. European Journal of Operational Research, 182 (1), 164-173.

Gunasekaran A., Lavastre O. & Spalanzani A. (2011). Supply Chain Risk Management in French Companies. Decision Support Systems, 52 (4), 828-838.

Heidtmann V. (2008). Organisation von Supply Chain Management – Theoretische Konzeption und empirische Untersuchung in der deutschen Automobilindustrie. Wiesbaden, Deutschland: Gabler Verlag.

Hertel J., Schramm-Klein H. & Zentes J. (2011). Supply-Chain-Management und Warenwirtschaftssysteme im Handel. Heidelberg; New York; Dordrecht; London: Springer.

Hishamuddin H., Sarker R. A. & Essam D. (2012). A Disruption Recovery Model for a Single Stage Production-Inventory System. European Journal of Operational Research, 222 (3), 464-473.

Huang H.-Y., Chou Y.-C. & Chang S. (2009). A Dynamic System Model for proactive Control of Dynamic Events in full-load States of Manufacturing Chains. International Journal of Production Research, 47 (9), 2485-2506.

Ivanov D. (2010). An adaptive Framework for Aligning (Re)planning Decisions on Supply Chain Strategy, Design, Tactics, and Operations. International Journal of Production Research, 48 (13), 3999-4017.

Johnson M. & Mena C. (2008). Supply Chain Management for servitised Products: A Multi-Industry Case Study. International Journal of Production Economics, 114 (1), 27-39.

Jüttner U. (2005). Supply Chain Risk Management: Understanding the Business Requirements from a Practitioner Perspective. International Journal of Logistics Management, 16 (1), 120-141.

Kajüter P. (2007). Risikomanagement in der Supply Chain: Ökonomische, regulatorische und konzeptionelle Grundlagen. In C. Siepermann & R. Vahrenkamp (Hrsg.), Risikomanagement in Supply Chains: Gefahren abwehren, Chancen nutzen, Erfolg generieren (S. 13-28), Berlin, Deutschland: Erich Schmidt Verlag.

Katsma C. P., Moonen H. M. & van Hillegersberg J. (2011). Supply Chain Systems Maturing towards the Internet-of-Things: A Framework. In Proceedings of the 24th Bled Electronic Commerce Conference 2011, 478-494.

Kersten W., Böger M., Hohrath P. & Singer C. (2009). Schlussbericht zum Projekt „Supply Chain Risk Management Navigator". Abgerufen von www.logu.tu-harburg.de/de/forschung/projekte/aif-projekt-zum-supply-chain-risk-management-navigator (Abgerufen am 02.08.12).

Kersten W., Böger M., Hohrath P. & Späth H. (2006). Supply Chain Risk Management: Development of a theoretical and empirical Framework. In W. Kersten & T. Blecker (Hrsg.), Managing Risks in Supply Chains – How to Build Reliable Collaboration in Logistics (S. 3-18), Berlin, Deutschland: Erich Schmidt Verlag.

Kersten W., Hohrath P. & Winter M. (2008). Risikomanagement in Wertschöpfungsnetzwerken – Status quo und aktuelle Herausforderungen. In Holzinger H. (Hrsg.), Wirtschaft und Management. (S. 7-21), Wien, Österreich.

Kuhn A. & Hellingrath (2002). Supply Chain Management: Optimierte Zusammenarbeit in der Wertschöpfungskette. Heidelberg; New York; Dordrecht; London: Springer.

Kuhn, A. (1995): Prozessketten in der Logistik. Entwicklungstrends und Umsetzungsstrategien. Dortmund: Verlag Praxiswissen.

Kumar A. & van der Aalst W. (2006). Managing Supply Chain Events to build Sense-and-Respond Capability. In Proceedings of the International Conference on Information Systems (ICIS) 2006, Paper 10.

Li S., Xu L., Wang X. & Wang J. (2012). Integration of Hybrid Wireless Networks in Cloud Services oriented Enterprise Information Systems. In Proceedings of Enterprise Information Systems (EIS), 6 (2), 165-187.

Li X., Wang Y. & Chen X. (2011). Cold Chain Logistics System based on Cloud Computing. Concurrency and Computation: Practice and Experience, 24 (17), 2138-2150.

Liu R. & Kumar A. (2003). Leveraging Information Sharing to configure Supply Chains. In Proceedings of the International Conference on Information Systems (ICIS) 2003, Paper 44.

Lockamy III A. & McCormack K. (2010). Analysing Risks in Supply Networks to facilitate Outsourcing Decisions. International Journal of Production Research, 48 (2), 593-611.

Manuj I. & Mentzer J. T. (2008). Global Supply Chain Risk Management. Journal of Business Logistics, 29 (1), 133-155.

Masih-Tehrani B., Xu S. H., Kumara S. & Li H. (2011). A single-period Analysis of a Two-Echelon Inventory System with dependent Supply Uncertainty. Transportation Research Part B, 45 (8), 1128-1151.

Mell P. & Grance T. (2011). The NIST Definition of Cloud Computing, NIST Special Publication 800-145. Abgerufen von www.csrc.nist.gov/publications/nistpubs/800-145/SP800-145.pdf (Abgerufen am 12.09.2012).

Norrman A. & Jansson U. (2004). Ericsson's Proactive Supply Chain Risk Management Approach after a serious Sub-Supplier Accident. International Journal of Physical Distribution & Logistics Management, 34 (5), 434-456.

Oke A. & Gopalakrishnan M. (2009). Managing Disruptions in Supply Chains: A Case Study of a Retail Supply Chain. International Journal of Production Economics, 118 (1), 168-174.

ORCHESTRA Consortium (2012). ORCHESTRA. Abgerufen von www.eu-orchestra.org (Abgerufen am 17.10.2012).

Owunwanne D. & Goel R. (2010). Radio Frequency Identification (RFID) Technology: Gaining A Competitive Value through Cloud Computing. International Journal of Management and Information Systems, 14 (5), 157-164.

Pfohl H., Gallus P. & Köhler H. (2008). Konzeption des Supply Chain Risikomanagements. In H. Pfohl (Hrsg.), Sicherheit und Risikomanagement in der Supply Chain – Gestaltungsansätze und praktische Umsetzung (S. 7-94), Hamburg, Deutschland: Deutscher Verkehrs-Verlag.

Ritchie B. & Brindley C. (2007). An emergent Framework for Supply Chain Risk Management and Performance Measurement. Journal of the Operational Research Society, 58 (11), 1398-1411.

Ryu S., Tsukishima T. & Onari H. (2009). A Study on Evaluation of Demand Information-Sharing Methods in Supply Chain. International Journal of Production Economics, 120 (1), 162-175.

Scaparra M. P. & Church R. L. (2008). A bilevel Mixed-Integer Program for Critical Infrastructure Protection Planning. Journal of Computers and Operations Research, 35 (6), 1905-1923.

Schmitt A. J. & Singh M. (2011). A quantitative Analysis of Disruption Risk in a Multi-Echelon Supply Chain. International Journal of Production Economics, 139 (1), 22-32.

Schmitt A. J. & Snyder L. V. (2012). Infinite-horizon Models for Inventory Control under Yield Uncertainty and Disruptions. Journal of Computers and Operations Research, 39 (4), 850-862.

Schmitt A. J. (2011). Strategies for Customer Service Level Protection under Multi-Echelon Supply Chain Disruption Risk. Transport Research Part B, 45 (8), 1266-1283.

Schrödl H. & Turowski K. (2011). SCOR in the Cloud - Potential of Cloud Computing for the Optimization of Supply Chain Management Systems. In Proceedings of the European, Mediterranean & Middle Eastern Conference on Information Systems (EMCIS) 2012, 37-45.

Sepehri M. (2012). A grid-based Collaborative Supply Chain with Multiproduct Multi-period Production–Distribution. Enterprise Information Systems, 6 (1), 115-137.

Setzer T. & Bichler M. (2012). Web-Service. Abgerufen von www.enzyklopaedie-der-wirtschaftsinformatik.de/wi-enzyklopaedie/lexikon/is-management/ Systementwicklung/Softwarearchitektur/Middleware/Web-Service-Technologien/Web-Service (Abgerufen am 29.08.2012).

Sheffi Y., Vakil B. & Griffin T. (2012). Risk and Disruptions: New Software Tools. Abgerufen von www.web.mit.edu/sheffi/www/documents/ Risk_and_Disruptions_V9.pdf (Abgerufen am 23.09.2012).

Sodhi M. S. & Lee S. (2007). An Analysis of Sources of Risk in the Consumer Electronics Industry. Journal of the Operational Research Society, 58, 1430-1439.

Speyerer J. K. & Zeller A. J. (2003). Inter-Organizational Disruption Management based on Flexible Integration with Web Services. Wirtschaftsinformatik, 2003 (2), 819-836.

Speyerer J. K. & Zeller A. J. (2004). Managing Supply Networks: Symptom Recognition and Diagnostic Analysis with Web Services. In Proceedings of the 37th Annual Hawaii International Conference on System Sciences HICSS, Koloa, 1-11.

Svensson G. (2000). A Conceptual Framework for the Analysis of Vulnerability in Supply Chains. International Journal of Physical Distribution & Logistics Management, 30 (9), 731-750.

Tang C. S. (2006). Perspectives in Supply Chain Risk Management. International Journal of Production Economics, 103 (2), 451-488.

Tang O. & Musa S. N. (2010). Identifying Risk Issues and Research Advancements in Supply Chain Risk Management. International Journal of Production Economics, 133 (1), 25-34.

Teuteberg F. & Schreber D. (2005). Mobile Computing and Auto-ID Technologies in Supply Chain Event Management - An Agent-Based Approach. In Proceedings of the European Conference on Information Systems (ECIS) 2005, 439-446.

Teuteberg F. (2005). Realisierung ubiquitärer Supply Networks auf Basis von Auto-ID- und Agenten-Technologien - Evolution oder Revolution?. Wirtschaftsinformatik, Paper 1, 3-22.

Thonemann U. (2010). Operations Management: Konzepte, Methoden und Anwendungen. München, Deutschland: Pearson Verlag.

Thun J. & Hoenig D. (2011). An empirical Analysis of Supply Chain Risk Management in the German Automotive Industry. International Journal of Production Economics, 131 (1), 242-249.

Thun J., Drüke M. & Hoenig D. (2011). Managing Uncertainty – An empirical Analysis of Supply Chain Risk Management in small and medium-sized Enterprises. International Journal of Production Research, 49 (18), 5511-5525.

Trkman P. & McCormack K. (2009). Supply Chain Risk in Turbulent Environments - A Conceptual Model for Managing Supply Chain Network Risk. International Journal of Production Economics, 119 (2), 247-258.

Tsai M. (2006). Constructing a Logistics Tracking System for Preventing Smuggling Risk of Transit Containers. Transportation Research Part A: Policy and Practice, 40 (6), 526-536.

Unland R. (2012). Agententechnologie. Abgerufen von www.enzyklopaedie-der-wirtschaftsinformatik.de/wi-enzyklopaedie/lexikon/technologien-methoden/KI-und-Softcomputing/Agententechnologie (Abgerufen am 12.08.2012).

Verband der Hochschullehrer für Betriebswirtschaft e.V. (2009). VHB-JOURQUAL 2. Abgerufen von www.vhbonline.org/service/vhb-jourqual/jq2/ (Abgerufen am 19.03.2012).

Vlajic J. V., van der Vorst J. G. A. J. & Haijema R. (2012). A Framework for Designing Robust Food Supply Chains. International Journal of Production Economics, 137 (1), 176-189.

Wagner S. M. & Neshat N. (2010). Assessing the Vulnerability of Supply Chains using Graph Theory. International Journal of Production Economics, 126 (1), 121-129.

Walker W. T. (2005). Emerging Trends in Supply Chain Architecture. International Journal of Production Research, 43 (16), 3517-3528.

Weissenberger-Eibl M. & Koch D. J. (2007). Kooperation und Kontrolle als Voraussetzung für den RFID-Einsatz zur SC-Risiko-Abmilderung. In C. Siepermann & R. Vahrenkamp (Hrsg.), Risikomanagement in Supply Chains: Gefahren abwehren, Chancen nutzen, Erfolg generieren (S. 365-388), Berlin, Deutschland: Erich Schmidt Verlag.

Werner H. (2008). Supply Chain Management – Grundlagen, Strategien, Instrumente und Controlling. Wiesbaden, Deutschland: Gabler Verlag.

Winkelmann A., Fleischer S., Herwig S. & Becker J. (2009). A Conceptual Modeling Approach for Supply Chain Event Management (SCEM). In Proceedings of the European Conference on Information Systems (ECIS) 2009. Paper 106.

Wolke T. (2008). Risikomanagement. München, Deutschland: Oldenbourg Verlag.

Wu T., Blackhurst J. & O'grady P. (2007). Methodology for Supply Chain Disruption Analysis. International Journal of Production Research, 45 (7), 1665-1682.

Wu Y., Dong M., Fan T. & Liu S. (2012). Performance Evaluation of Supply Chain Networks with Assembly Structure under System Disruptions. Journal of Computers & Operations Research, 39 (12), 3229-3243.

Xanthopoulos A., Vlachos D. & Iakovou E. (2012). Optimal Newsvendor Policies for dual-sourcing Supply Chains: A Disruption Risk Management Framework. Journal of Computers & Operations Research, 39 (2), 350-357.

Yang B. & Yang Y. (2010). Postponement in Supply Chain Risk Management: A Complexity Perspective, International Journal of Production Research, 48 (7), 1901-1912.

Yüzgülec G., Hellingrath B., Wagenitz A. & Klingebiel K. (2011). Bestimmung von Lieferzeitabweichungen unter Berücksichtigung von Supply Chain-Risiken anhand von Instrumenten zur Risikobewertung aus der Finanzbranche. In Bogaschewsky, R., Supply Management Research. Aktuelle Forschungsergebnisse 2011: Tagungsband des 4. wissenschaftlichen Symposiums Supply Management; Würzburg, 15.-16. März 2011 (S. 109-138). Wiesbaden, Germany: Gabler Verlag.

Zhang X., Lu Q. & Wu T. (2011). Petri-Net based Applications for Supply Chain Management: An Overview. International Journal of Production Research, 49 (13), 3939-3961.

Zimmermann R. & Paschke A. (2003). PAMAS – An Agent-based Supply Chain Event Management System. In Proceedings of the Americas Conference on Information System 2003, Tampa, Paper 244.

Zsidin G. A. (2003). Managerial Perceptions of Supply Risk. The Journal of Supply Chain Management, 39 (1), 14-26.

Anhang

	Analytische Modelle und Graphentheorie	
#	Titel	Autor(en)
1	A bilevel mixed-integer program for critical infrastructure protection planning	Scaparra & Church (2008)
2	A disruption recovery model for a single stage production-inventory system	Hishamuddin, Sarker & Essam (2012)
3	A dynamic system model for proactive control of dynamic events in full-load states of manufacturing chains	Huang, Chou & Chang (2009)
4	A Quantitative Analysis of Disruption Risk in a Multi-Echelon Supply Chain	Schmitt & Singh (2011)
5	A single-period analysis of a two-echelon inventory system with dependent supply uncertainty	Behdad, Xu, Kumara & Li (2011)
6	A stochastic model for risk management in global supply chain networks	Goh, Lim & Meng (2007)
7	Analysing risks in supply networks to facilitate outsourcing decisions	Lockamy & McCormack (2010)
8	Assessing the vulnerability of supply chains using graph theory	Wagner & Neshat (2010)
9	Infinite-horizon models for inventory control under yield uncertainty and disruptions	Schmitt & Snyder (2012)
10	Management of supply chain: An alternative modelling technique for forecasting	Datta, Granger, Barari & Gibbs (2007)
11	Managing Supply Chain Events to Build Sense-and-Respond Capability	Kumar & van der Aalst (2006)
12	Optimal newsvendor policies for dual-sourcing supply chains: A disruption risk management framework	Xanthopoulos, Vlachos & Iakovou (2012)
13	Performance evaluation of supply chain networks with assembly structure under system disruptions	Wu, Dong, Fan & Liu (2012)
14	Petri-net based applications for supply chain management: An overview	Zhang, Lu & Wu (2011)
15	Strategies for customer service level protection under multi-echelon supply chain disruption risk	Schmitt (2011)

Anh. 1-1   Ergebnis der Literaturanalyse Teil 1 - Übersicht über analytische Modelle und Graphentheorien

Methoden und Frameworks

#	Titel	Autor(en)
1	A Conceptual Modeling Approach for Supply Chain Event Management (SCEM)	Winkelmann, Fleischer, Herwig & Becker (2009)
2	A framework for designing robust food supply chains	Vlajic, van der Vorst & Haijema (2012)
3	A study on evaluation of demand information-sharing methods in supply chain	Ryu, Tsukishima & Onari (2009)
4	An adaptive framework for aligning (re)planning decisions on supply chain strategy, design, tactics, and operations	Ivanov (2010)
5	An emergent framework for supply chain risk management and performance measurement	Ritchie & Brindley (2007)
6	Bestimmung von Lieferzeitabweichungen unter Berücksichtigung von Supply Chain-Risiken anhand von Instrumenten zur Risikobewertung aus der Finanzbranche	Yüzgülec, Hellingrath, Wagenitz & Klingebiel (2011)
7	Disruption management in distributed enterprises: A multi-agent modelling and simulation of cooperative recovery behaviours	Cauvin, Ferrarini & Tranvouez (2009)
8	Ericsson's proactive supply chain risk management approach after a serious sub-supplier accident	Norrman & Jansson (2004)
9	Global Supply Chain Risk Management	Manuj & Mentzer (2008)
10	Improving supply-chain collaboration by linking intelligent agents to CPFR	Caridi, Cigolini & De Marco (2005)
11	Leveraging Information Sharing to Increase supply chain configurability	Liu & Kumar (2003)
12	Methodology for supply chain disruption analysis	Wu, Blackhurst & O'grady (2007)
13	Postponement in supply chain risk management: A complexity perspective	Yang & Yang (2010)
14	Securing the upstream supply chain: A risk management approach	Giunipero & Eltantawy (2004)
15	Soft modelling in risk communication and management examples in handling food risk	French, Maule & Mythen (2005)
16	Supplier risk assessment and monitoring for the automotive industry	Blackhurst, Scheibe & Johnson (2008)
17	Supply chain risk in turbulent environments - A conceptual model for managing supply chain network risk	Trkman & McCormack (2009)
18	Supply chain risk management and its mitigation in a food industry	Diabat, Govindan & Panicker (2012)

| 19 | Supply Chain Risk Management in French Companies | Gunasekaran, Lavastre & Spalanzani (2011) |

Anh. 1-2   Ergebnis der Literaturanalyse Teil 2 - Übersicht über Methoden und Frameworks

	IT-Systeme und Technologien	
#	Titel	Autor(en)
1	An autonomous multi-agent approach to supply chain event management	Bearzotti, Salomone & Chiotti (2012)
2	Constructing a logistics tracking system for preventing smuggling risk of transit containers	Tsai (2006)
3	Inter-Organizational Disruption Management Based on Flexible Integration with Web Services	Speyerer & Zeller (2003).
4	Minimizing logistics risk through real-time vehicle routing and mobile technologies: Research to date and future trends	Giaglis, Minis, Tatarakis & Zeimpekis (2004)
5	Proactive Supply-Chain Event Management with Agent Technology	Bodendorf & Zimmermann (2005)
6	Realisierung ubiquitärer Supply Networks auf Basis von Auto-ID- und Agenten-Technologien - Evolution oder Revolution?	Teuteberg (2005)
7	Ubiquitous Computing aus betriebswirtschaftlicher Sicht	Fleisch & Dierkes (2003)

Anh. 1-3   Ergebnis der Literaturanalyse Teil 3 - Übersicht über IT-Systeme und Technologien

	Empirische Arbeiten, Literaturanalysen & Fallstudien	
#	Titel	Autor(en)
1	An analysis of sources of risk in the consumer electronics industry	Sodhi & Lee (2007)
2	An empirical analysis of supply chain risk management in the German automotive industry	Thun & Hoenig (2011)
3	An Empirical Examination of Supply Chain Performance along several Dimensions of Risk	Bode & Wagner (2008)
4	Emerging trends in supply chain architecture	Walker (2005)
5	Identifying risk issues and research advancements in supply chain risk management	Tang & Musa (2010)
6	Managerial Perceptions of Supply Risk	Zsidisin (2003)
7	Managing disruptions in supply chains: A case study of a retail supply chain	Oke & Gopalakrishnan (2009)
8	Managing uncertainty – an empirical analysis of supply chain risk management in small and medium-sized enterprises	Thun, Drüke & Hoenig (2011)
9	Perspectives in Supply Chain Risk Management	Tang (2006)
10	Supply Chain Mangement for Servitised Products: A Multi-Industry Case Study	Johnson & Mena (2008)
11	Technical and management perceptions of enterprise information system importance, implementation and benefits	Chang (2006)

Anh. 1-4   Ergebnis der Literaturanalyse Teil 4 - Übersicht über empirische Arbeiten, Literaturanalysen und Fallstudien

Category/subcategory	Supplier Percentage of supply Weight (percent)	Caliper assembly		Hub assembly		Rotor	
		Supplier 1 50 Rating	Supplier 2 50 Rating	Supplier 2 90 Rating	Supplier 3 10 Rating	Supplier 2 40 Rating	Supplier 4 60 Rating
Quality	60						
Defects/million	30	30	90	70	15	60	10
Ease of problem resolution	25	20	70	85	10	75	15
Product complexity	15	20	20	30	30	15	15
Timeliness of corrective action	25	20	90	85	15	70	15
Value of product	5	30	30	35	35	25	25
Total weights	100						
Overall supplier quality rating for each part		23.5	71.5	69.8	17.0	57.8	14.0
Disruptions/disasters	40						
Earthquake	5	15	35	35	5	35	65
Fire	30	15	80	80	70	80	30
Flooding	5	5	35	35	20	35	40
Labor availability	15	15	70	70	20	70	35
Labor dispute	10	20	85	85	35	85	25
Political issues	10	20	60	60	15	60	40
Supplier bankruptcy	15	5	10	10	35	10	35
War and terrorism	10	25	60	60	25	60	30
Total weights	100						
Overall supplier disruption rating for each part		15.0	60.0	60.0	38.0	60.0	34.3
Overall supplier rating for each part		20.1	66.9	65.9	25.4	58.7	22.1

Quelle: Blackhurst, Scheibe und Johnson (2008), S. 151.

Anh. 3-1   Daten zur Risikobewertung

Supplier + Part + Category + Subcategory	Risk Level
− Supplier 2	64.5
− Caliper Assembly	66.9
− Quality	71.5
Defects/Million	90.0
Timeliness of Corrective Action	90.0
Ease of Problem Resolution	70.0
Value of Product	30.0
Product Complexity	20.0
− Disruptions/Disasters	60.0
Labor Dispute	85.0
Fire	80.0
Labor Availability	70.0
Political Issues	60.0
War and Terrorism	60.0
Flooding	35.0
Earthquake	35.0
Supplier Bankruptcy	10.0
− Hub Assembly	65.9
+ Quality	69.8
+ Disruptions/Disasters	60.0
− Rotor	58.7
+ Disruptions/Disasters	60.0
+ Quality	57.8
+ Supplier 3	25.4
+ Supplier 4	22.1
+ Supplier 1	20.1

Quelle: Blackhurst, Scheibe und Johnson (2008), S. 157.

Anh. 3-2   Heatmap der kritischen Zulieferer

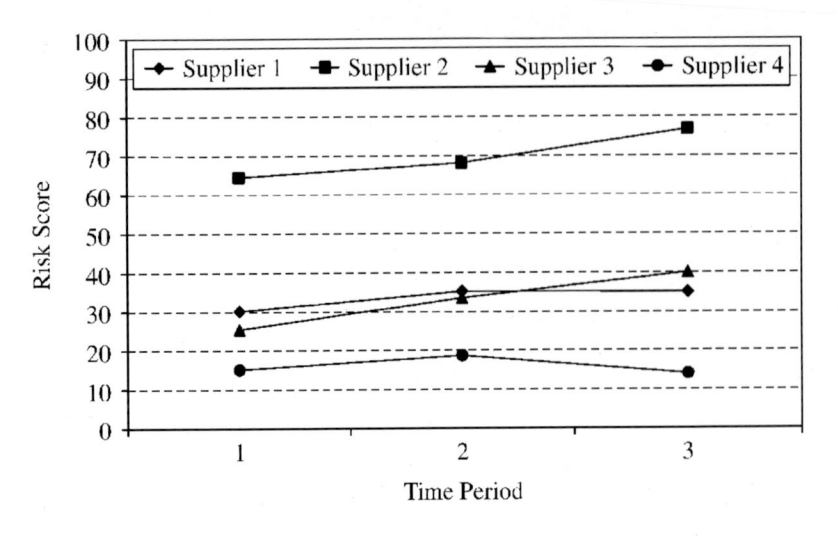

Quelle: Blackhurst, Scheibe und Johnson (2008), S. 158.

Anh. 3-3   Trendanalyse

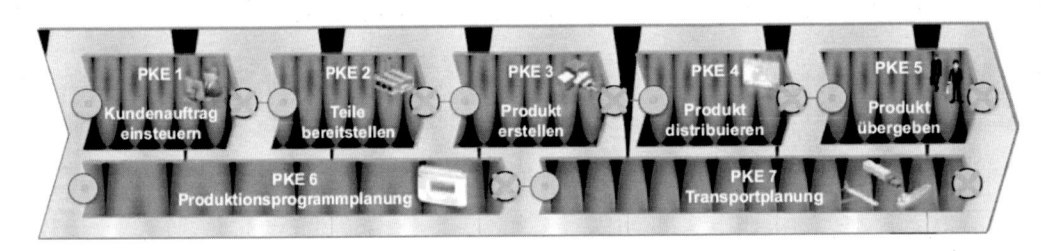

Quelle: Yüzgülec, Hellingrath, Wagenitz & Klingebiel (2011), S. 122.

Anh. 3-4   Exemplarische Prozesskettendarstellung

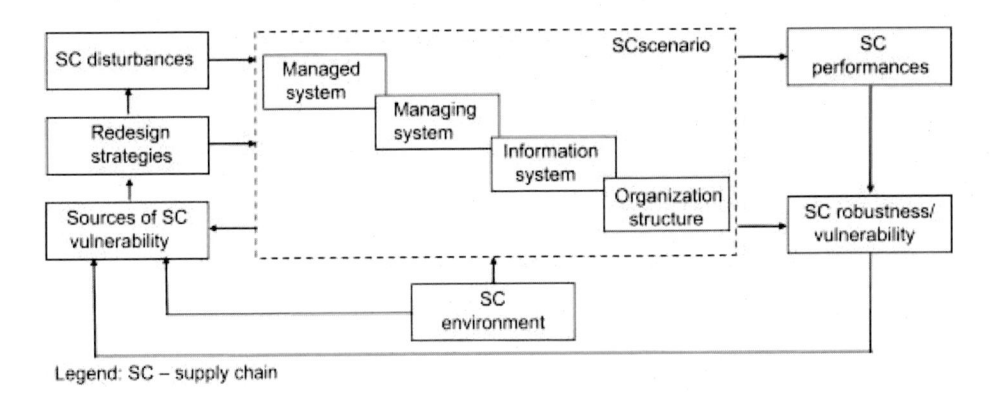

Quelle: Vlajic, van der Vorst & Haijema, (2012), S. 178.

Anh. 3-5   Framework zur Gestaltung einer robusten Supply Chain

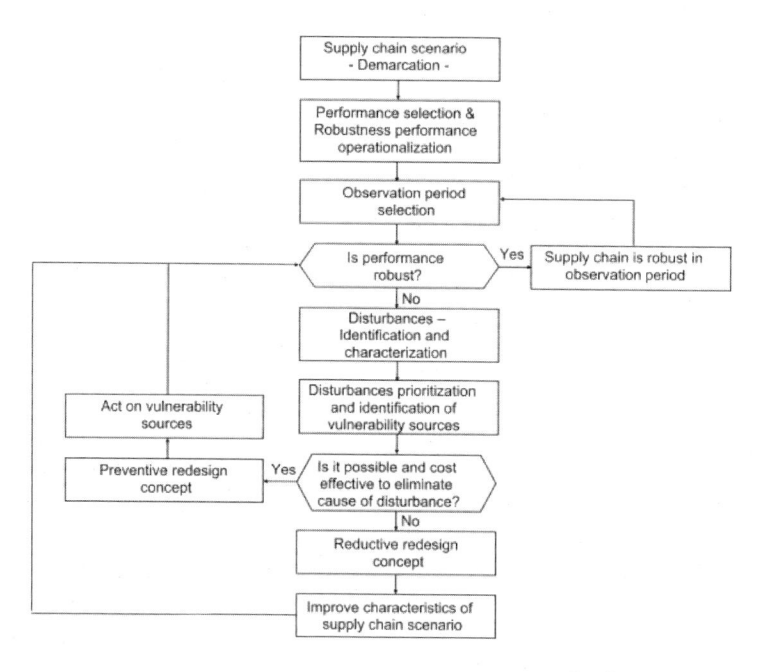

Quelle: Vlajic, van der Vorst & Haijema, (2012), S. 183.

Anh. 3-6   Ablauf des Frameworks zur Gestaltung einer robusten Supply Chain

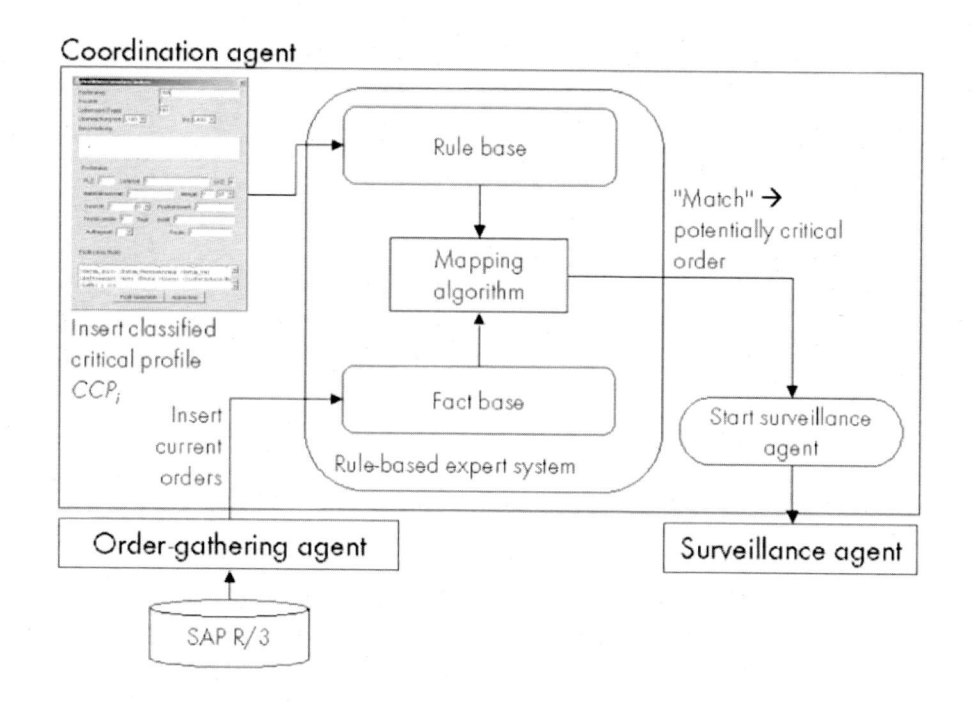

Quelle: Bodendorf & Zimmermann (2005), S.77.

Anh. 3-7   Architektur des Koordinationsagenten

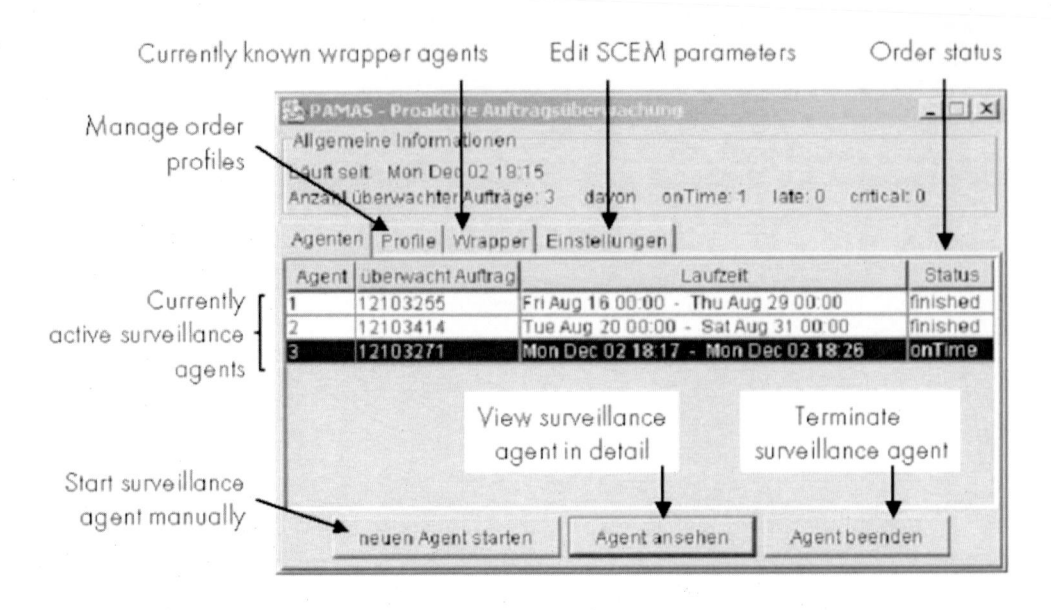

Quelle: Bodendorf & Zimmermann (2005), S.77.

Anh. 3-8   Benutzeroberfläche des Koordinationsagenten

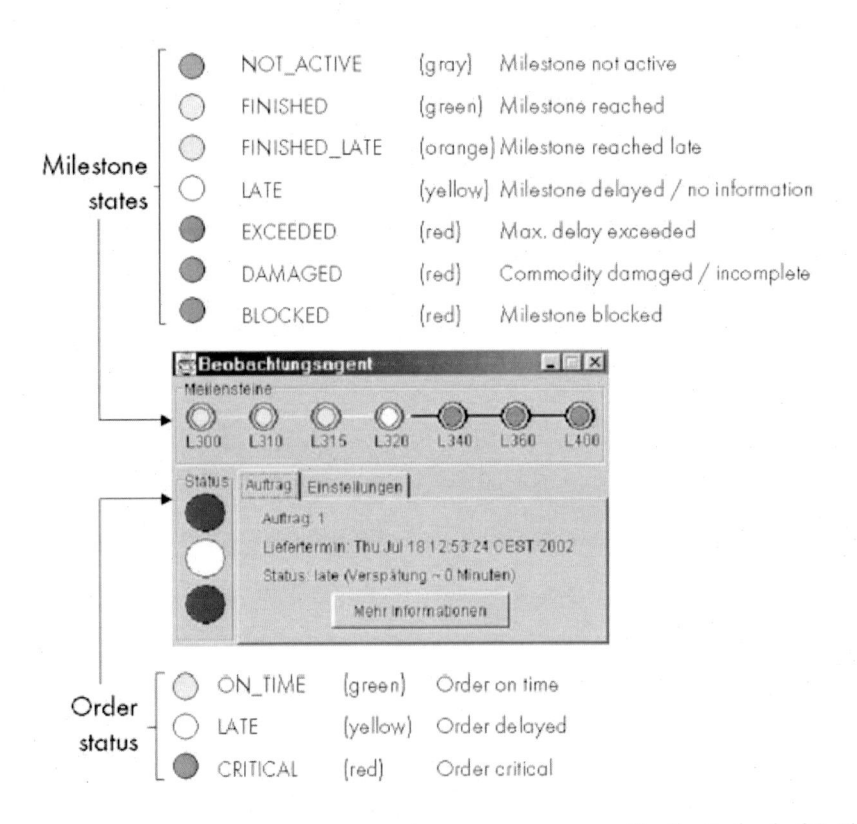

Quelle: Bodendorf & Zimmermann (2005), S.79.

Anh. 3-9   Benutzeroberfläche des Beobachtungssagenten

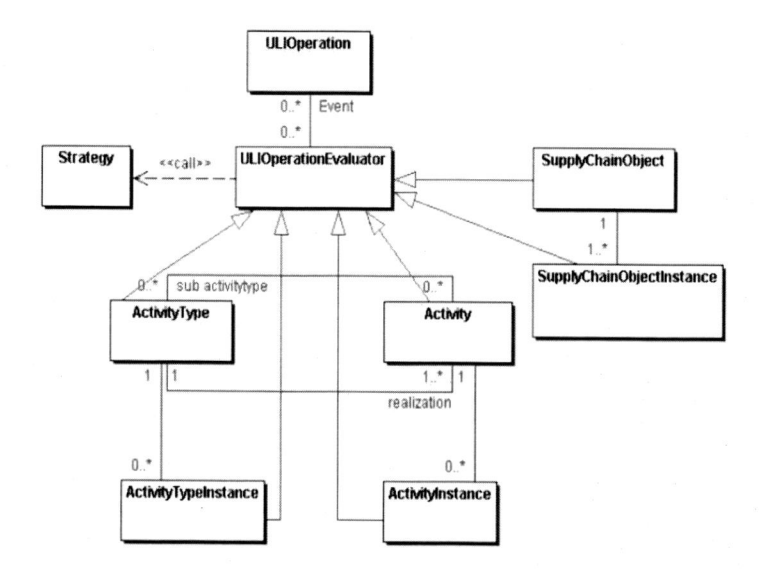

Quelle: Speyerer & Zeller (2004), S.5.

Anh. 3-10   Datenmodell des Prototypens

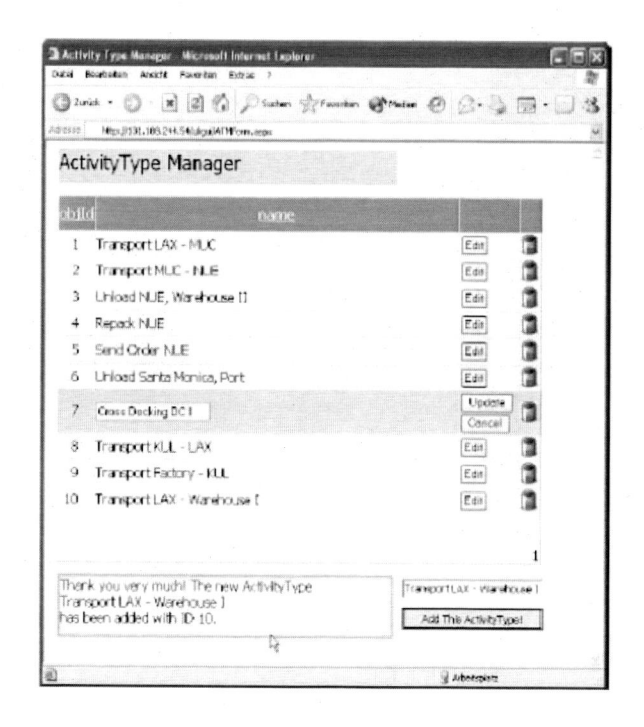

Quelle: Speyerer & Zeller (2004), S.6.

Anh. 3-11   Web-Service ActivityType-Manager

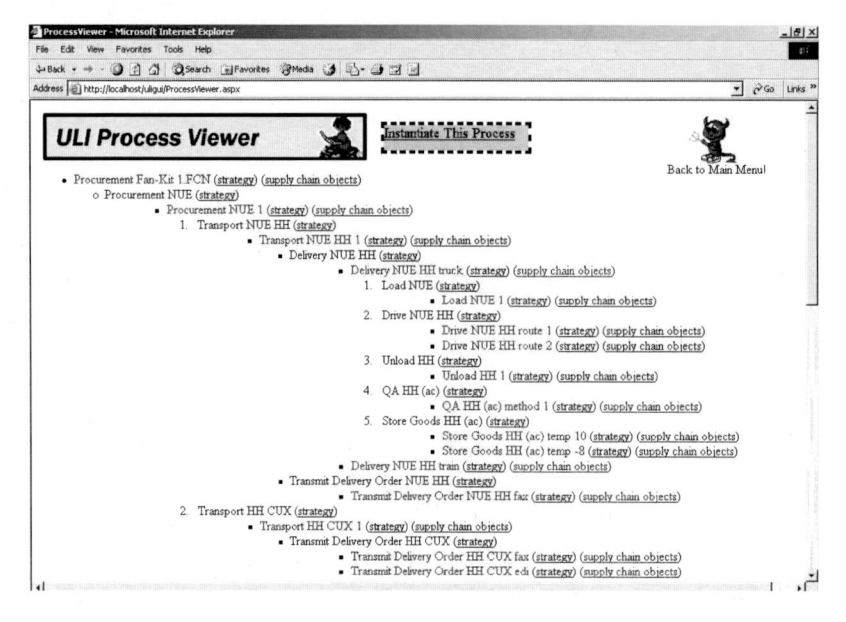

Quelle: Speyerer & Zeller (2004), S.6.

Anh. 3-12   Web-Service Process Viewer

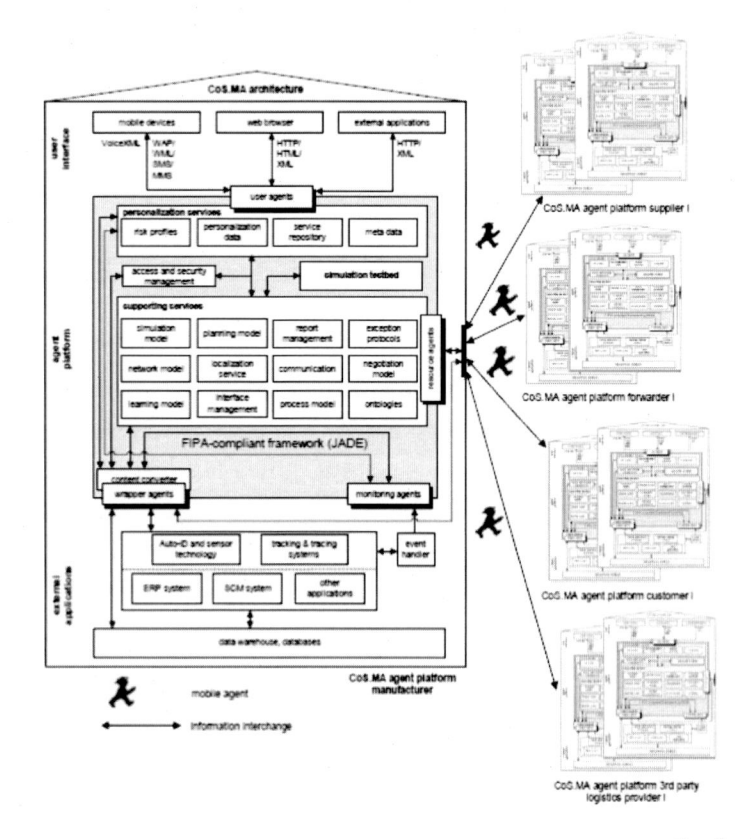

Quelle: Teuteberg & Schreber (2005), S.16.

Anh. 3-13   CoS.MA-Rahmenarchitektur

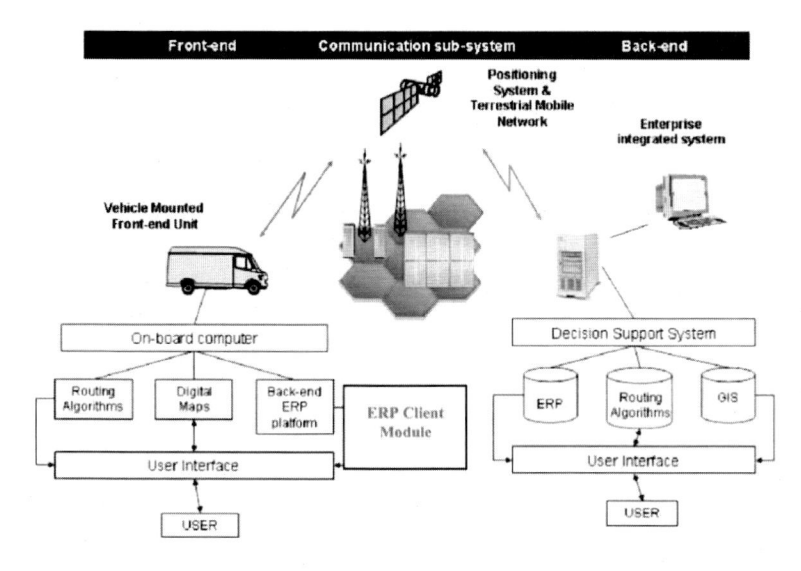

Quelle: Giaglis, Minis, Tatarakis & Zeimpekis (2004), S. 758.

Anh. 3-14   Rahmenarchitektur für das real-time Vehicle Management-System

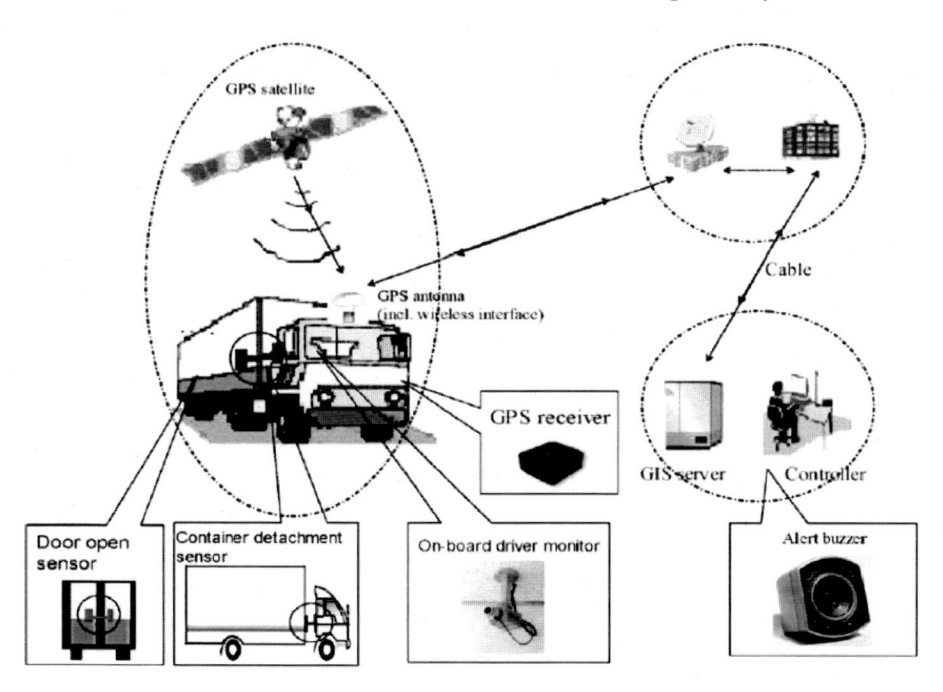

Quelle: Tsai (2006), S. 533.

Anh. 3-15   Rahmenarchitektur der IT-Infrastruktur